Martial Dupierris

Cuba y Puerto-Rico

Martial Dupierris

Cuba y Puerto-Rico

ISBN/EAN: 9783337379810

Printed in Europe, USA, Canada, Australia, Japan

Cover: Foto ©Andreas Hilbeck / pixelio.de

More available books at **www.hansebooks.com**

OPÚSCULO.

CUBA Y PUERTO-RICO.

Medios de conservar estas dos Antillas en su estado de esplendor.

POR

UN NEGRÓFILO CONCIENZUDO.

MADRID.
IMPRENTA DE JOSÉ CRUZADO,
calle de Sta. Feliciana, 5.
1866.

> Antes de hablar de una cosa,
> es preciso conocerla á fondo.
> 1.er *pensamiento de Pascal.*

Mucho se ha escrito sobre el sistema de trabajo empleado en varios puntos de América; de nada ha servido lo que ha acaecido en las colonias inglesas, en donde todo sistema ha sido abolido por una simple plumada del Gobierno, decretando la emancipacion de la esclavitud. Quince años despues, la Francia, que habia visto los desastrosos efectos causados por una medida que, no tan solo habia arruinado á los habitantes de las colonias y á muchos comerciantes europeos, sino que tambien habia sumido á los libertos en la mayor miseria, de cuyas resultas ha muerto un gran número de ellos, decretó á su vez la libertad con todas sus consecuencias: la licencia, la miseria y la mortandad.

Inglaterra decretaba la destruccion del órden y de la riqueza de sus colonias, con la esperanza de arrastrar los demas puntos de las Indias Occidentales y el Sur de los Estados Unidos, donde los trabajadores esclavos beneficiaban el algodon y el azúcar que la India Asiática podia suministrar al mundo entero, por medio de brazos libres, á quienes se remunera malamente. Las colonias inglesas exportaban é importaban mucho; la madre pátria no ignoraba que esos mercados se le cerraban, pero no dudaba de que esto sería por poco tiempo, pues ella esperaba reemplazar estos mercados por otros mas ricos de la India; y decimos mas ricos, no porque lo sean directamente, sino porque los productos, costándoles menos, harian el cambio mas provechoso; así es que allí se han hecho caudales, que serian increibles, si no fuera por lo que acabamos de exponer.

Es indudable que los primeros abolicionistas, sumamente interesados en ese negocio, se hicieron dueños de los espíritus mas débiles para fundar el fanatismo negrófilo. ¿Cómo pudiera esto explicarse de otro modo al observar que mientras la India no prosperó, hubiera en Inglaterra hombres de tan poca filantropía que no fueron capaces de proclamar que la esclavitud debia cesar? Hubo época en que los mismos ingleses exigian de los paises en donde habia esclavos, que se valieran de ellos para el trasporte y venta de los negros que sus buques iban á buscar al África. Apenas puede comprenderse que los hombres de aquel tiempo viviesen tan obcecados que no cayesen en cuenta, y proclamáran como hoy sucede, á voz en cuello que la esclavitud es un crímen (1). Explíquense, dórense las cosas del modo que se quiera; pero será difícil presentarlas á los ojos del hombre sensato y pensador despojadas del interés con que va acompañado el abolicionismo, aunque se le revista con el bello disfraz de la filantropía. Y por mas que se haya declamado

---

(1) El Sr. Embajador español D. Sinibaldo Mas, en su reciente obra sobre la China, dice en la página 3.ª «Un Virey de Sou-Tchou, supo que habia un gran desórden en un convento de religiosas: fué mucha su indignacion al enterarse de las causas que lo motivaban, y para castigarlas hizo que se vendieran por un vendutero *á tanto por libra*: se pesaba una monja, y el que la compraba, pagaba lo prometido, sin haber siquiera visto la mercancía.»

¿Podrán los ingleses ignorar esto? ¿Por qué no tratan de hacer que cese la esclavitud en China?

con el fin de santificar esas opiniones, esperamos probar que las ideas emitidas hasta hoy en muy extensos escritos, carecen absolutamente de lógica, no obstante lo aliñadas que hayan salido á la luz, y como para deslumbrar y fascinar á los incautos y á los inocentes que ni siquiera sospechan que tras esas halagadoras frases, se ocultan pensamientos bastardos, y que son proferidas por lábios falaces, dictadas, en fin, por la hipocresía mas refinada, y el sórdido é insaciable interés de una multitud de ambiciosos de todos géneros y categorías (1), sostenidos por por infinitos fanáticos.

---

(1) Mr. Pitt, el gran ministro inglés, era hombre muy grave: se dice que solo dos veces se le vió reir y chancear; la primera fué cuando supo la revolucion de Santo Domingo (parte francesa); y que los negros lo llevaban todo á sangre y fuego. Esto le hizo reir y dijo: «los franceses podrán ahora tomar su café con caramelo.»

La segunda vez fué cuando Fox y Sheridan le dijeron que si no intervenia, los franceses podrian perder el juicio hasta el punto de matar á su Rey; entonces se sonrió tambien y dijo: «En ese caso habrá un claro en la carta de la Europa.»

Esto parece muy cínico; pero los ingleses contestarán: el 5 p.%, que estaba á 92 en el principio de la revolucion francesa, subió á 120: ¡Pitt fué un hombre grande! El 4 p.%, que estaba á 75, subió á 102: ¡Pitt fué un héroe! En fin, el 3 p.%, que estaba á 58, subió á 96: ¡Pitt fué un Dios! ¡Qué Dios tan miserable!.....

Los mas, si no todos cuantos han escrito sobre la abolicion de la esclavitud fundados en consideraciones de filantrapía, han confeccionado sus obras en el reducido espacio de su bufete, como un poeta pudiera haber compuesto la trama de una comedia de efecto, que el espectador ha de aplaudir en el teatro, á pesar de conocer el artificio de que se ha valido el autor para recrearle. Meros narradores de las teorías y de los principios que recogen de fuentes viciadas ó apasionadas, sin experiencia de los hechos, sin conocimiento de causa, sin preveer las consecuencias de sus predicaciones, echan á volar sus folletos á modo de cometas, sin cuidarse mas que del lucro que les pueda proporcionar su trabajo, si han sido escritores asalariados; de satisfacer sus deseos, si son fanáticos, ó de lograr sus fines, si son los corifeos de la propaganda anexionista. Pero unos y otros, de buena, ó de mala fé, tomando por lema la esclavitud, han acabado por esta solucion: «No quisiera ser esclavo, y por consiguiente no es justo que otros lo sean.» Esta máxima, basada en aquel santo principio: «no quieras para otro, lo que no desees para tí,» seria muy loable en hombres justos, en cristianos de corazon; y aun en estos, siempre que estuviesen convencidos por experiencia de que sus miras desinteresadas propendian á un bien real en favor de una raza desgraciada cualquiera que ella fuese. Pero es irrisorio, es irritante oir á hombres alucinados, á personas de antecedentes conocidos, á políticos ambiciosos, en fin, hacer de misioneros filántropos, cuando el país los señala con el dedo como á lobos disfrazados con la piel de las ovejas, en cuyas entrañas se han cebado.

No obstante, suponiendo que esos filántropos obráran de buena fé; no por eso se los deberia eximir de culpa, toda vez que sin un conocimiento profundo de la materia que tratan, llevan la alarma, la discordia y el gérmen de la ruina á paises que disfrutan de una paz y prosperidad envidiables; pues que despiertan ideas desconocidas y erróneas en gentes sencillas é ignorantes, y que se consideran muy felices consagradas á su trabajo, á su método de vida, y sin aspiraciones á mayor bien del que disfrutan; á llenar de pánico á capitalistas, cuya fortuna consiste, en su mayor parte, en la propiedad de esos mismos trabajadores; á poner en conflicto al Gobierno que apenas atina á atajar los males de que se ve amenazado con el cambio violento, que se quiere efectuar á impulso de ideas excesivamente avanzadas, en el órden de cosas establecido desde tiempo remoto. Pero nosotros, hallándonos en el caso del Gobierno, antes de pensar en los medios de conjurar esa abocada tormenta, indagaríamos quiénes son todos ó la mayor parte de esos vocingleros propagandistas de la emancipacion de africanos, para estrecharlos en su misma estacada con estas y otras preguntas. ¿Conoceis á fondo al esclavo africano? ¿Habeis ido á las diversas localidades en donde pudiérais estudiar larga y detenidamente su constitucion física, su índole, sus inclinaciones, su capacidad intelectual, sus aspiraciones, sus creencias, sus goces favoritos, el sistema de trabajo que le es mas preferible, cómo quiere ser tratado en el estado de esclavitud y en el de libertad? ¿Habeis pensado y meditado bien en la suerte que les espera á todos aquellos que, confiados en las promesas de un Gobierno, han comprado esclavos con el fruto de muchos años de asíduo trabajo y de privaciones? ¿Sabeis, ó podeis imaginar siquiera, cuál es el porvenir que habeis proporcionado al negro despues que obtenga su libertad? ¿Presumís que una vez libre preferirá la miseria al trabajo, y que de ahí dimanarán sus vicios, sus crímenes, el desenfreno, la anarquía mas espantosa? ¿Sois, en fin, propietarios de algunos ó de muchos esclavos á quienes por amor al prójimo, por filantropía, ansiais darles la libertad? ¿Sois tan poderosos, que llevados de los sentimientos caritativos de vuestro corazon, estais dispuestos á sacrificar el todo ó la mayor parte de vuestros caudales, para emancipar los esclavos del poder de sus señores, y lo que es mas, para cuidar de las necesidades de aquellos, mientras no se vayan habituando á trabajos que les son desconocidos, mientras no puedan tener economías con que poder vivir holgada y felizmente en el seno de sus familias y en el de una sociedad ilustrada, rica y sedienta de lujo y de placeres? ¿Sabeis lo que ha sucedido en los paises que han emancipado sus esclavos? Citad uno solo que haya prosperado, y en que los libertos sean tan dichosos como durante su esclavitud. Y siendo consiguientes las evasivas, la perplejidad, el anonadamiento, la negativa en fin, á estas y á otras muchas interpelaciones que sobre el mismo objeto se les pudieran hacer, tomaria entonces el partido de presentarlos á la faz del mundo como ignorantes fanáticos, como conspiradores, como enemigos mortales y encubiertos de un país que tratan de arruinar, privándole de los brazos ó sea de los indispensables elementos con que puedo labrar su prosperidad, y sacrificando para ello, sin piedad á los muchos millares de víctimas á quienes toman como instrumento de sus maquinaciones, como pantalla que presumen ha de servirles de antifaz para ocultar su doblez, sus fines interesados y maquiavélicos; puesto que sabiendo perfectamente los tristes ejemplos de la emancipacion repentina de los esclavos en donde quiera que se ha efectuado, nada les arredra en su propósito, porque nada es para ellos, comparado con la esclavitud de hombres que llaman sus hermanos, que comparan consigo mismos, mientras no tengan, se entiende, que compartir con ellos su hacienda, la mitad de su pan, y mucho menos alternar de igual á igual, ni permitirles gozar de los privilegios mas pingües, y que solamente para ellos parece haberse concedido.

El negro no pude vivir tranquilo en los Estados del Norte América: en New-York y en Brooklin, los negros son á cada instante atacados por la plebe, y la policía ni siquiera se mueve para salir á defenderlos, dando con tan singular conducta, lugar á escenas horripilantes.

Nuestro estudio constante de las costumbres de América en los muchos años que residimos en ella, nos ponen en el caso de impugnar tantos y tan peligrosos absurdos sobre emancipacion inmediata, empleando para ello tanta mas energía, cuanto es mayor cada dia el desbordamiento y maquiavelismo de sus agitadores.

Confiamos en que los hombres de sana razon, los hombres de conciencia y de rectos principios, los que amen este hermoso país, los buenos hijos de Cuba, que comprenden que hay quien pueda escribir desapasionadamente sobre asunto tan delicado, hallarán en este opúsculo pruebas bastantes para convencerse de que la emancipacion inmediata de los esclavos, cual se ha venido practicando hasta ahora por otros Gobiernos, lejos de redundar en beneficio del emancipado y del país en donde se ha ensayado, ha producido una verdadera calamidad para entrambos. Entremos de lleno en materia.

CAPITULO PRIMERO.

§ I.

La esclavitud.

Hay cuestiones de suyo tan delicadas, que apenas pueden discutirse, sobre las cuales es expuesto emitir libremente una idea. Trátese de una religion cualquiera, y aun simplemente de sus diferentes comuniones, y no bien se haya hecho una observacion sencilla acerca de sus principios, de sus ritos, para elogiarlos ó censurarlos, segun los sentimientos, la conciencia ó los conocimientos de cada individuo, saldrán miles de adeptos á la palestra, dispuestos á probar, á su modo, que nadie tiene razon para emitir una duda sobre tal ó cual punto, por mas oscuro ó misterioso que ante nuestra razon aparezca; y ¡guay dèl que insista en sostener una opinion, por mas lógicas que sean las razones con que apoye su sistema, porque se verá reducido al silencio, so pena de ser crucificado! Y sin embargo, las diferentes sectas cristianas han sido formadas del diverso modo de explicar, ventilar y esplayar las doctrinas de la Iglesia Católica. ¿Y siendo esto así, si todas proceden de un mismo principio, cómo es que están tan discordes en los medios para llegar á un mismo fin? Pues bien, á pesar de reconocerse en esto una prueba patente de la inmensa diversidad de opiniones, sostenidas por los sábios, vemos de contínuo la triste realidad de no poderse sostener discusion sobre ciertas materias, sin que en seguida jueguen las invectivas de todo género, hasta convertirse el palenque en un campo de Agramante, y si la autoridad poderosa de la Iglesia no se apresurase á imponer silencio á los contendientes, Dios sabe hasta donde los ánimos exaltados llevarian su encono.

Nosotros, al entrar en una cuestion no menos delicada y resbaladiza que el capítulo de religion, no dudamos que muchos de los que se tomen la molestia de leer este mal coordinado opúsculo, nos tengan por *esclavistas*, como llaman los *puritanos*, no solamente á los afectos á la esclavitud, sino tambien á los que, sin mezclarse en semejante asunto, viven en un país donde hay esclavos. Pero nosotros seguiremos impasibles en nuestra marcha, sin cuidarnos de los epítetos con que se nos quiera calificar, llevados de los impulsos de nuestro corazon, encaminados al bien de nuestros semejantes y del país en que vivimos, y en el que contamos con tantas simpatías, y lo que es mas, en obsequio de una nacion grande y generosa, bajo cuya égida, hemos prosperado, como todos los que se consagran á una ocupacion honrosa. ¡Y quién, en nuestro lugar, no hará otro tanto, cuando se palpa la injusticia, el torpe é inicuo intento de sepultar en las ruinas un país tan privilegiado por la mano del Hacedor, y que tan á paso de gigante se le vé correr al mayor grado de esplendor y de riqueza, un país el mas hospitalario y pacífico del mundo, en el que han nacido tantos y tan ilustrados y beneméritos patricios; un país, en fin, de donde tanto puede reportar España, si le sigue dispensando su proteccion de madre bondadosa, si se ponen en obra las reformas beneficiosas de que carece en algunos ramos de su administracion!

§ II.

¿Cuál es la posición del africano en su país?—¿Qué hacen los negrófilos para mejorar su suerte?—¿Ha mejorado su posición desde que es esclavo en Cuba?

El africano vive en estado salvage ó poco menos, y sus reyes tienen sobre sus súbditos el derecho de vida y hacienda, hallándose una y otra sujetas al capricho y á las consecuencias de su brutal fanatismo. ¿Quién ignora que hace pocos años el rey de Dahomey hizo cortar la cabeza á 1800 súbditos, para aplacar los manes que debian purificar el alma de su difunto padre? Esto han referido todos los periódicos de las diversas naciones, á modo de historia; pero no se ha alzado una sola voz para decir á esos Gobiernos tan filántropos é ilustrados, id á civilizar aquel país en donde se comete tan inaudita barbaridad (1).

---

(1) Hé aquí el estracto de una carta de un misionero francés, remitida á la *Revista Católica* de Troyes, y fechada en Dahomey. «El negro en este punto es algo menos salvage que los demas del litoral; en presencia de un blanco, y sobre

No creemos que haya dejado de hacerse porque nada hubiese que ganar en aquel país con semejante acto de humanidad, ni tampoco porque esos seres desgraciados no sean dignos de que una nacion rica se tome el trabajo de ocuparse en su bienestar. Las grandes naciones están sumamente ocupadas y solícitas en civilizar y cristianizar paises muy ricos y pro-

---

todo de un misionero, es manso como un cordero; su amor es poco constante, y por lo regular fingido; así es que su amo debe estar siempre alerta. Digo su amo, porque todos son esclavos recíprocamente: Pedro es esclavo de Pablo, este lo es de Juan, y este de Antonio; pero Pedro, que tiene á veces cien esclavos, lo es del *Cabessaire*, que viene á ser la autoridad del pais..... La mujer es un ser abominable, sin pudor, sin vergüenza y maldita como una víbora. Se la vé con la pipa en la boca, correr de danza en danza, y desde la mañana hasta la noche está entregada á toda clase de orgías y de crímenes.

»Cuando se trata de trabajar, el negro es de una molicie tal, que apenas mueve las piernas. El palo es tan necesario para esta gente, como para nosotros el pan. Trabajan muy poco, pero también es poco lo que necesitan para sustentarse; el país produce cuanto necesitan, sin que sea necesario el cultivo de la tierra. Algunas frutas y raíces, hé aquí el alimento de los salvages.

»No conocen el amor á la familia: cada hombre tiene tantas mujeres cuantas puede alimentar, y cada cual tiene el derecho absoluto de hacer de ellas lo que mas le acomode.»

Recomendamos, sobre manera, una obra reciente del capitan Mr. Burton, publicada en Inglaterra, bajo el título de *A mission to Gelele* (Dahomey).

ductivos; pero nos parece que al atacar la esclavitud en América, se les puede decir que combaten el efecto para destruir la causa, lo cual no es muy lógico.

Los reyes de África, cuando están en guerra, matan á sus prisioneros, si no encuentran quienes se los compren ó no los pueden utilizar. Habrá quien diga que es preferible la muerte á la esclavitud; pero creemos que ese parecer es erróneo, como lo es creer que el mayor criminal prefiera el garrote al presidio: en este le lisonjea la esperanza de que algun dia podrá evadirse del castigo impuesto por la ley; y el esclavo alimenta siempre en su corazon la esperanza de dar con un buen amo que premiará sus buenos servicios, dándole la libertad, ó proporcionándole medios de lucro con que poderla obtener. Y de esto hay tanto en Cuba, que llenariamos volúmenes enteros, si registrando los archivos extractásemos la nómina de los esclavos que se han libertado por esos medios; pero á bien que no habria que apelar á los archivos para comprobar nuestra aseveracion. Véase la mayoría de la raza de color libre en Cuba, que no es pequeño el número, y averígüese á qué es debida su libertad. No nos detendremos pues á referir *in extenso*, los derechos que asisten al esclavo en Cuba para coartarse con una cantidad cualquiera, de 50 duros, por ejemplo, que den á su amo, y del derecho de hacer bajar su valor de un modo considerable; porque es el caso, que ese primer dinero que dá, es á cuenta de su libertad, que irá adquiriendo poco á poco con el fruto de su trabajo, en las horas que se le dan de descanso, y del que emplea en sus industrias, ó bien en la crianza de animales y cultivo de sus *conucos*, en las fincas rurales, porque en las poblaciones tiene un campo mas basto en donde poder hacer grandes economias.

En verdad es preciso desconocer absolutamente la feracidad de la naturaleza en Cuba, la abundancia de sus frutos, la liberalidad, la hospitalidad de sus habitantes, la benignidad de su Gobierno, su clima, sus costumbres, su ilustracion, para no comprender que es mil veces preferible vivir esclavo en ella, que ser súbdito del rey de Dahomey, y sufrir la miseria y los inminentes peligros que de continuo asedian á los africanos, sin distincion de clases, sexos, ni edades. ¡Y cuántos habrán sido devorados por las fieras, tan abundantes en aquellas regiones, antes de exhalar el último aliento, depauperados por la miseria! Añádase á este cuadro lastimoso la supersticion que en ciertos territorios de África obliga ó impulsa á sus moradores á entregarse á los sacrificios.

Preciso es convenir en que si se tomase con empeño civilizar al África, si se impusiesen de algun modo condiciones á sus despóticos y fanáticos reyes, para que obligasen á sus súbditos á consagrarse á la agricultura, y á tantos ramos de industria de que es susceptible tan feraz y extenso territorio, la Trata se iria gradualmente haciendo dificultosa, y al fin la esclavitud acabaria, porque no habria quien vendiese con tanta facilidad á esos infelices, que serian otros tantos brazos útiles á su propio pais, y á sus reyes en paticular. La historia antigua nos asegura que así seria, y cualquier hombre de mediano criterio y poco versado en política, lo comprenderá, cual nosotros lo comprendemos.

Pero queremos admitir por un momento que el estado del esclavo es tal y tan lastimoso cual nos lo pintan los abolicionistas; dígase cuanto se quiera en contra del sistema de esclavitud, no podrá por menos de convenirse en que un africano que haya residido dos ó tres años en Cuba, en calidad de esclavo, preferirá mil veces permanecer en su estado, antes que volver á su país para vivir sujeto á sus primitivas y terroríficas condiciones. Y si pudiera hacerse la prueba, que no seria muy difícil, dudamos que uno entre mil quisiese dejar su acopio de ropa, para tapar su desnudez con el harapo que usaba en su país, si acaso le tenia; los alimentos que habia saboreado, para ir á nutrirse con otros mal condimentados; la paz y la seguridad de su persona, para ir á vivir en una continuada agonía por el temor de ser muerto en la guerra ó á ser devorado por las fieras ó sacrificado por sus verdugos en holocausto de una bestia, ó de un informe muñeco de madera ó de barro.

Para probar si es beneficioso á los negros el sistema de esclavitud en Cuba, nada habria mas fácil que entregar á un mayoral cualquiera diez africanos, los cuales no tuviesen mas trato que con sus compañeros por espacio de dos años; pasado ese tiempo, se cotejarian con otros diez recien llegados; entonces se notaria un grado de civilizacion tal en los primeros, que no podrian negar los mas incrédulos, y se les pondria en el caso de aplaudir la transformacion bajo todos conceptos, puesto que en lugar de salvages, se encontrarian con hombres habituados á las buenas costumbres, á apreciar el valor del trabajo, á sacar partido de la agricultura por medio de instrumentos y de máquinas que les eran desconocidos; á contenerse en sus ímpetus feroces, á respetar la propiedad y la vida de sus semejantes, á creer, en fin, en la existencia de un Ser Supremo, con el hábito de los ejercicios piadosos y religiosos á que se los obliga entre nosotros desde los primeros dias que pisan las playas españolas, ó si se quiere, desde que se embarcan para ellas. Ahora bien, de esta civilizacion creciente á medida que los años se van sucediendo, de su reduccion al gremio de la Iglesia católica, que solicitan con insistencia, de su hábito al trabajo, y de su apego á la familia por medio de uniones legítimas, ¿no se podria sacar un partido inmenso, tan útil á la humanidad y al comun de las naciones civilizadas, transportándolos una vez libertos á su país natal? Y en vista de estos resultados, no ignorados de cuantos conocemos la esclavitud en Cuba, y hechas las cosas bajo un sistema bien meditado y calculado entre hombres de negocios y de sana conciencia, de hombres que mereciesen la confianza del Gobierno, ¿no se lograria mucho mejor el fin santo que la filantropía, el progreso y el liberalismo legítimos exigen que con todos cuantos planes quieren poner por obra esos mentidos filántropos, anexionistas de nuevo cuño, que tanto escandalizan con sus peroratas de cómicos de la legua, y que tan en conmocion tienen á los hacendados y demas propietarios de este país, y en espectativa é indeciso al Gobierno español? ¿No sería esto sacar un bien incalculable de ese mal tan ponderado por los seudo-negrófilos, como poco temido para cuantos conocen los hechos y los han pasado por el crisol de su conciencia?

El esclavo en Cuba sabe que está obligado á trabajar para su amo; pero sabe tambien que á éste, aunque no quisiera, se le obligaria por leyes sábias y equitativas, que cada dia aumentan en vigor, á que le alimente, le vista, le cuide en sus enfermedades, le dé trabajo proporcionado á sus fuerzas, el descanso necesario, castigos moderados cuando falta á sus deberes, y nunca en delitos que solamente están reservados á los tribunales de justicia; á no abandonarle en su vejez ó en caso de quedar inutilizado para el trabajo por casos fortuitos, ó por enfermedades; á instruirlo en la religion católica; á no negarse á admitirle anticipos para su coartacion ó el valor moderado de su libertad, para lo cual cuenta siempre con síndicos que aboguen por él, con leyes que favorecen de un modo especial la libertad de los esclavos, reinando en el país cierto sentimiento natural de denigrar al dueño que por falta de principios de humanidad, por avaricia ó ensañamiento ruin con su siervo, se niegue á facilitarle su manumision, siempre que sea reclamada con justos derechos. Y nótase en estos casos, que adonde quiera que un esclavo se dirige, halla mil voces que clamen en su favor, mil consejeros que le dirigen, que le encaminan gozosos ante síndicos que por lo regular abundan en sentimientos filantrópicos, y que tienen á vanagloria el proteger á esos desgraciados, á veces contra sus mayores amigos; porque es ya proverbial en Cuba la tendencia á proteger la libertad de todo esclavo que hace méritos para ello con sus buenos servicios, con acciones laudables, ó proporcionándose cantidades con que poderlo conseguir. Puede en Cuba un estafador, un ladron apoderarse á mano armada del caudal ageno; podrá un curador usurpar los bienes de sus menores; un notario público arreglar un testamento que desherede á quienes con legitimos derechos aspiren á una fortuna, á una manda piadosa, si se quiere; en tales casos el pueblo cubano se indignará, reprobará estos hechos abominables; pero nunca tanto como cuando se haya por cualesquiera medios, no diremos robado el todo con que un esclavo pudo libertarse, pero siquiera mermado la cantidad ó imposibilitado los medios de obtenerla. Quien esto negare, quien siquiera objetase acerca de estas aserciones sancionadas con los casos tan frecuentes de esta especie, no solamente sería refutado por miles de voces á la vez, sino que sería negar, sería querer sofocar la nunca bien ensalzada y bendita hospitalidad, la generosidad, la prodigalidad de Cuba, que la fama lleva por los confines del mundo.

Por mas de un concepto, pues, la suerte del esclavo en la isla de Cuba, es mejor que la del jornalero europeo, que no solo se vé privado de las dulces afecciones de su familia y de su amada pátria, por quienes suspira de contínuo, lo que no sucede ciertamente al africano, cuyos sentimientos y amor pátrio no son ni pueden ser nunca comparables con los del europeo, sino que además corre éste el inminente peligro del vómito negro, que á veces los diezma, y vive lleno de privaciones, combatiendo siempre la miseria que le amaga con todos sus horrores desde el momento en que sus fuerzas se debilitan para el trabajo en las ocupaciones que logra poder desempeñar, á veces repugnantes á sus principios y casi siempre superiores á sus fuerzas físicas. Y de ahí el crecido número de hombres depauperados en la flor de sus años, ó que viven sufriendo en los hospitales, ó que han sucumbido víctimas de sus padecimientos, de su miseria, si ya no yacen en las cárceles y en los presidios, por deudas que no han podido pagar, por crímenes que la extrema necesidad les ha hecho cometer. Y esto no es pintar como querer; esto está á la vista, y nada mas fácil que comprobarlo con las estadísticas y nóminas de defunciones, de existencias en los hospitales y casas de correccion.

Se nos dirá tal vez que si los esclavos son tratados con tanta benignidad, con tanto esmero, es porque sus amos tienen un grande interés en ello. No lo negamos; pero tambien podriamos objetar, que teniendo á la vez animales que les son utilísimos y aun necesarios, que les han costado sumas considerables, no los cuidan con el esmero que á los esclavos, lo que demuestra que en aquellos ven algo mas que su interés. Y podríamos añadir que es cosa bien terrible dudar de que haya hombres de sentimientos humanos, verdaderos filántropos que obren por la satisfaccion, por el gozo que su corazon experimenta en hacer llevadera la suerte de los que dependen de ellos, que con sus fatigas labran su fortuna.

Pero dando por sentado que el interés es el primer móvil de todo el que dá á sus esclavos buen trato, proporcionándoles á la vez medios con que puedan un dia recobrar su libertad con la mira de que sean mas asíduos en sus faenas, preguntaremos ¿ conoce la condicion humana un incentivo mas poderoso, mas aguijoneante que el interés, de cualquiera clase que sea para alcanzar un fin, cuando este ha de redundar en beneficio del interesado?

Ya hemos dicho ó dado á entender que no puede tratarse una cuestion de interés general con buen éxito, sin haberla estudiado bien á fondo; y mucho menos dar como principio fijo é irrecusable lo que no puede sostenerse con datos fehacientes y sancionados por el criterio y la experiencia; y sin embargo, los mas de los que han escrito sobre esclavitud, no solamente han carecido de esos conocimientos, de esos datos, sino que tambien han desfigurado los hechos á su placer, segun las miras mas ó menos apasionadas que su corazon les ha sugerido, atacando sin razones y sin justicia á los que de buena fé han expuesto sus ideas luminosas acerca de tan trascendental asunto; y resistiéndose á ver y oir lo que no les conviene que se difunda, porque ilustraria y prevendria á los incautos, no cesan de gritar en todos los tonos: «¡Ese escritor es un *esclavista*, no se le debe oir!» Y con esto creen haber llenado ámpliamente su mision filántropo-fanática.

Como quiera que algunos de los que se tomen la molestia de leer nuestro desaliñado escrito desearán encontrar un fuerte apoyo de nuestras aserciones, para ellos sobre todo, consignamos aquí una cita anotada por un autor digno del mayor crédito, tanto por su alta capacidad, cuanto por la distinguida posicion que en Cuba ha ocupado, lo cual le ha permitido estudiar á fondo la cuestion sobre el sistema de esclavitud vigente en el país. Este apreciable señor es D. Ignacio Gonzalez Olivares, primero Fiscal, y despues Regente de la Real Audiencia Pretorial de la Habana, y autor de una Memoria, publicada recientemente sobre esclavitud, cuyo luminoso trabajo contiene muchos datos irrefutables; entre ellos dice: «Mr. Gasparin, autor nada sospechoso, se ex- »presa así en uno de sus escritos:»

« En sus posesiones ultramarinas (España) »equilibra todas las castas, se procura á los »negros instruccion religiosa, se reconoce su »peculio, se autorizan sus matrimonios, y la »adquisicion de la libertad se halla desembara- »zada de toda traba.»

Y añade el Sr. de Olivares: «Y no solo es »cierto lo que dice Mr. Gasparin, de que la »adquisicion de la libertad se halla desembara- »zada de toda traba, sino que nuestras cos- »tumbres y las leyes municipales la estimulan.» (pág. 26), donde habla de la coartacion como medio que no solo remueve obstáculos para adquirir la libertad, sino que estimula, facilita, é inspira en el siervo hábitos de laboriosidad y economía.»

Mucho pudiéramos añadir á este párrafo, para probar que el negro esclavo en Cuba es mas feliz que el libre de su raza; que goza en general de mas salud; que su conducta es mejor; que tiene menos vicios, etc. Bástanos esperar que las líneas precedentes dirán patentemente, que muy lejos de ser criminal sostener el sistema de esclavitud en Cuba, produce mas bienes á la humanidad, y que será mas meritorio á los ojos de Dios, que la emancipacion de los negros, del modo que la han hecho los ingleses, los franceses y los americanos. Prosigamos nuestra tarea.

§ III.

El esclavo es una propiedad garantizada por el Gobierno de la nacion.

Todas las naciones que han poseido colonias en las regiones intertropicales, han autorizado á sus habitantes para que pudiesen comprar esclavos, que desempeñasen las labores de aquellos paises; porque considerando que aquel clima no es favorable á toda clase de trabajadores, no debia contarse con colonos voluntarios y suficientes, al menos para la agricultura. Esta facultad ha sido clara y terminantemente expresada por leyes sábias, que á la vez han consignado las facultades del amo y los deberes del esclavo; y en fin, en las colonias españolas, el vendedor ó el comprador segun lo que se haya estipulado, están obligados á pagar al Gobierno el seis por ciento sobre el valor total de la venta del esclavo. Y siendo esto así, no queda duda alguna de que esta es una propiedad como otra cualquiera, puesto que está sujeta á la misma condicion de alcabala que una finca cualquiera.

Pero el Gobierno, á la vez que concede ese derecho, se reserva el de la expropiacion por causa de utilidad pública. Esto de utilidad indica un provecho para alguien: veamos pues á favor de quien resulta el provecho en la expropiacion, que en este caso entendemos por emancipacion.

Empezaremos por examinar si á la isla de Cuba y á la madre pátria les resultaria provecho de la emanipacion de la esclavitud, para seguir despues hablando acerca del amo y del esclavo.

El clima de la isla de Cuba es tan ardiente

que pocas son las clases de trabajadores, como lo probaremos en otro lugar, que puedan desempeñar en el campo, al aire libre, un trabajo cualqiera, capaz de remunerar los costos que ocasionaria; el colono europeo, por ejemplo.

El fin que se propone toda nacion al formar una colonia, es crear mercados para sus productos, con los cuales pueda enriquecer la madre pátria. Está pues en el interés de la nacion proteger sus colonias, y fomentarlas cuanto mas le sea posible, á fin de aumentar el número de sus mercados.

Say dice: «La produccion abre mercados á los productos.»

Véase la inmensidad de productos peninsulares que se consumen en Cuba; enumérese tambien todo lo que á ella afluye de Inglaterra, de Francia, de Bélgica, de Alemania y otras partes del globo; y todo se consume, y se paga con los productos de la agricultura. Pero si por efecto de un error cometido por la madre pátria llegase á disminuir la produccion de los frutos ¿con qué podrian pagarse las importaciones?

Empezariamos por notar que las cantidades importadas eran excedentes; y como que la produccion iria menguando, ese gran mercado quedaria inerte, sino del todo, cerrado al menos, como lo están los mas de las colonias que en otros tiempos eran tan ricas.

España, sobre todo, cuyos productos gozan en Cuba de cierta preferencia, ventaja que no obtienen en otros paises, seria una de las naciones que mas perderia de resultas de la disminucion de los productos de Cuba. Como prueba de esto, bastará decir que todas las colonias que antes poseia, no consumen hoy sus frutos en gran cantidad, como en otro tiempo, en razon á que producen poco, y por lo tanto la permuta ha disminuido.

Inglaterra y Francia, so pretesto de civilizacion, solo van á crear en Asia y América grandes y numerosos mercados para las fuentes de produccion de los paises respectivos.

Y nosotros, de corazon lo decimos, nos alegramos y aplaudimos sobre manera de que el interés los guie por esa senda, toda vez que el comercio es el gérmen y la base mas sólida de la civilizacon, pues que liga á los hombres, primero por medio del interés, y mas tarde por simpatía, por relaciones de amistad y de parentesco, viniendo á concluir con la amalgama de hábitos costumbres y hasta de religion, cuando ha habido convencimiento en la mayor santidad de sus principios.

Pero no basta abrir los puertos al comercio, es preciso que el país produzca; porque si se consume, es necesario dar en cambio artículos que el país habrá de producir, sean de la clase que fueren. Debemos pues decir, lo que todos saben; que un país es tanto mas consumidor cuanto mas productor sea.

Todas estas reflexiones nos ponen en el caso de decir, que trastornar el órden de trabajo establecido en el clima ardiente de los Trópicos, sería cerrar sus ricos mercados é ir debilitando el comercio y la agricultura en España y en otros paises relacionados con aquellos por medio del cambio constante y de relaciones amistosas, tan beneficiosas bajo todos conceptos. La emancipacion inmediata sería, pues, (necesario es confesarlo con toda lealtad) una calamidad general. Nos parece estar oyendo exclamar á Sumner, Wandell, Phillips, Stevens, Lord, Rupell y una infinidad de fanáticos: «Perezcan las colonias, con tal de salvar un principio.» Por consiguiente, debemos continuar allegando hechos que prueben hasta la evidencia, que ese *principio* que se trata de salvar, encierra un acto de los mas inhumanos.

Un ejemplo de lo que pudiera venir á suceder á los súbditos, que confiados en la fé del Gobierno, hubiesen emprendido especulaciones, que causarian su total ruina, dirá mas que cuantos datos pudiéramos reunir como comprobantes de nuestros asertos.

Supongamos que un padre de familia, á fuerza de afanes y de economías durante una larga série de años, ha logrado reunir cien mil escudos, con los cuales, para asegurar el porvenir de su familia, compra un corte de ingenio, treinta negros, algunas yuntas de bueyes, y los aperos necesarios para la labranza; que construye los edificios indispensables, y que encuentra un capitalista que le dá con que poder llevar á cabo la instalacion de los trenes para elaborar el primer fruto cosechado, comprometiéndose á ir pagando los intereses de su deuda que estimaremos en ochenta mil escudos. Parte de la cosecha será destinada á la refaccion de la finca, y lo mas disponible á ir disminuyendo sus deudas, á reponer los deterioros, á perfeccionar los útiles y al mantenimiento de su familia.

Así las cosas, le sorprende la decision del Gobierno de su nacion, que cree de su deber declarar la emancipacion de la esclavitud, proponiéndose compensar los perjuicios ocasionados á sus súbditos, en virtud de tan humanitaria medida.

Ahora bien; ¿se quieren saber las consecuencias indispensables de tal procedimiento? Probemos á explicarlas.

Todas las naciones que han declarado la emancipacion de los esclavos, han ofrecido, ó han pagado, á sus amos parte de su valor, (exceptuados los Estados Unidos, que para verificar la emancipacion han sostenido una guerra de cerca de cuatro años, con la que se han adeudado por mas de diez veces el valor de los esclavos y de las propiedades); y nosotros queremos suponer que España, al verificarlo, pagase al propietario el valor intrínseco de los esclavos que hubiese poseido, y fuesen declarados libres; pero aun siendo así, probaremos que arruinaria á los habitantes de sus colonias.

El hacendado de quien hemos hablado, como los demas que se hallasen en igual caso ó en mejor posicion todavía, quedarian arruinados, porque todos harian consistir su fortuna y su porvenir en el producto del capital empleado en fincas, que solo con brazos africanos, por razon del clima, de su costo y de lo poco que cuesta su manutencion y demas gastos que ocasiona, pueden sostenerse en pié de produccion, como creemos haberlo probado y seguiremos probándolo con mayores datos.

Hay en Cuba algunos hacendados quejosísimos de que no exista en el país una institucion por el estilo del *Crédito territorial*, de Francia, que les facilitase caudales á interés módico, ó muy reducido. Son muchas las causas que han existido, aun antes de asomar el estado inseguro que ofrece el elemento agricultor, para que los capitalistas ó el Gobierno se arriesgasen á plantear semejante institucion. La ley que tan latamente quiso favorecer á los dueños de ingenios, dificultando, y hasta casi imposibilitando el remate de esa clase de fincas por deudas, ha venido siendo una especie de baluarte inexpugnable, detrás del que se han parapetado todos los que á mansalva han defraudado á sus acreedores. Así que las juntas de estos con los hacendados para arreglo de créditos, solamente han dado por tristísimo resultado el dilatar los plazos á épocas tan remotas, y con tan pocas seguridades, que quizás ni los nietos de los deudores vendrán á solventar á los nietos de los acreedores el capital ó los intereses, que cesan desde el momento del concurso; y si llegan á cobrar el capital, será despues que éste, colocado á un interés mínimo, se habria triplicado ó cuatriplicado.

Creyendo nosotros que no haya quien pueda refutar de buena fé ni victoriosamente la verdad de nuestros asertos, no deberá extrañarse que entre nosotros no se haya establecido la institucion del *Crédito territorial*, como en Francia; sería sí muy sorprendente que con los precedentes que dejamos referidos, se hubiese creado, ó siquiera se pensase en ello. Y hé aquí otro motivo muy poderoso para que se pierda toda esperanza, al menos por mucho tiempo, de que se pueda establecer en Cuba esa institucion.

El *Crédito territorial* está basado sobre el valor imperecedero de la propiedad. Supongamos que se hubiese establecido en Jamaica antes de 1833, época en que aquella isla gozaba de un comercio floreciente, y por consiguiente de grandes productos. La propiedad valía entonces cuanto se pedia por ella; pero despues de esa época, en que se emancipó la esclavitud, ¿qué valió y qué vale la propiedad? Exagerado seria decir que se estima en un 10 por 100; y aun así dudamos que hubiese compradores. Luego si el *Crédito territorial* hubiese prestado sus caudales con una garantía 50 por 100 mas fuerte que el valor de la suma desembolsada, habria venido á perder un 40 por 100 á lo menos, y sin que pudiera decir á su deudor que le habia engañado. Es pues necesario convenir que en lo menos que se debe pensar es en buscar dinero barato, mientras las cosas no ofrezcan la estabilidad conveniente; es decir, mientras el valor de la propiedad no esté garantizado en términos que si sufre alteracion, sea de poca monta, y que en todos tiempos pueda un propietario de ingenio, por ejemplo, encontrar fácilmente y en cantidad suficiente brazos á precios remunerativos.

Nos parece que lo expuesto prueba suficientemente que ni á la nacion, ni á la isla de Cuba, ni á los dueños de esclavos les sobrevendria beneficio alguno con la expropiacion forzosa ó voluntaria. Veamos ahora si el esclavo á quien se emancipára saldria mas gananeioso.

Nuestras cárceles y presidios están llenos de negros y mulatos libres por medio de la emancipacion ó de nacimiento, por serlo los padres de muchos de ellos. Estos hombres no tienen absolutamente amor al trabajo; y puede asegurarse que entre ellos, á penas un 5 por 100 están dedicados á industrias que les proporcionen los medios de subsistencia, á pesar de ser sus necesidades, tan reducidas como fáciles de cubrir. Pero en cambio están llenos de vicios de todo género, que les hacen odiar el trabajo, que los impulsan al crímen y los conducen á las prisiones y al cadalso; viniendo á resultar de esto, que tienen en un contínuo ejercicio á una numerosa policía, y en alarma al resto de los habitantes de Cuba.

Digan lo que quieran los filántropos acerca del negro; declamen cuanto gusten para probar que los vicios de los negros proceden de la degradacion en que los ha sumido la esclavitud; pero su argumento viene abajo por la base, cuando se les prueba que mil familias de esa raza, libres hace mas de 50 años, tienen la misma tendencia á la holganza, á la desidia, y á ese estado de negligencia que hace germinar y desarrollar las pasiones mas brutales en esta raza degradada.

Es preciso desengañarse que el negro y el mulato libres, solo trabajan cuando se los obliga con penas, ó los apremian sus necesidades. Háganse cuantas pruebas sean dables acerca de la emancipacion de la esclavitud de un país como la isla de Cuba, en donde no hay trabajadores como en otras partes, y pronto vendrá el triste desengaño de que su ruina es completa, empeorando la condicion del liberto, que habia sido feliz hasta cierto punto bajo la direccion y amparo de un amo que le hacia trabajar, que le daba lo necesario, asistiéndole en sus enfermedades con el mayor esmero y apartándole de la ociosidad, madre de todos los vicios. Esto hemos dicho ya en otra parte, y deberá tenerse muy presente, para no contribuir, con un voto, á la emancipacion.

El negro traduce el estado de libertad por licencia de hacer cuanto le viene en voluntad; y no tan solo no trabaja, sino que roba cuanto halla á mano para cubrir sus necesidades, ó satisfacer sus vicios, sin temor apenas de la justicia, á quien desafía á mano armada, máxime cuando ha tenido roce con gentes de su clase, habituadas ya á la vida vagabunda. Trasladémonos por un momento al vecino continente americano, y veamos lo que pasa allí desde la emancipacion de la esclvitud.

Muchos de los negros americanos tienen cierto grado de instruccion : saben leer y escribir, y sin embargo, tan luego como se declaró su libertad, los jóvenes abandonaron á sus padres, mujeres é hijos, para ir á las poblaciones, no á trabajar, sino á pedir á las autoridades que los mantuviesen. La mortalidad empezó á diezmarlos por efecto de la miseria, por la cual habian abandonado á sus familias. Este estado de cosas ha aumentado mucho los crímenes en aquel país; y era necesario que así fuese; porque el Gobierno no tenia obligacion de alimentar á hombres robustos y muy capaces de poder ganar con el trabajo su sustento y el de su familia; y porque obrar de otro modo sería matar de un solo golpe el amor al trabajo, dando alas á la holganza, y mal ejemplo á las clases laboriosas y honradas.

El propietario está siempre dispuesto á pagar jornales; pero el negro no quiere trabajar, y cree torpemente, que el Gobierno está obligado á mantenerle. Hé aquí algunos datos que explican lo que son los negros cuando se ven libres del dominio de sus dueños.

Un periódico de Nueva York refiere que en el Estado de Albania, el sistema de trabajo inaugurado por los agentes de la oficina de libertos, ha producido efectos desastrosos. Se calculaba allí en 250.000 el número de negros ancianos, mujeres y niños, que quedaban en la mas espantosa miseria, por haber sido abandonados por los hijos, maridos y padres, que en lugar de mantenerlos, se habian refugiado en los grandes centros de distintas poblaciones, donde vagaban hasta por los campos.

Hé aquí la traduccion de otro articulo titulado: «*Conflicto que no se alcanza á reprimir.*» El inevitable conflicto entre las razas blanca y negra, que parecia haber disminuido desde algun tiempo, ha vuelto con nuevo vigor. Se nos cuentan de todas partes los excesos cometidos, sea por los soldados de color, ó bien por los trabajadores *recalcitrantes*, ó en fin, por los vagabundos. En el Tenese Oriental, es donde, sobre todo, se observa el mayor antagonismo entre las dos razas. Siempre son los negros lo que atacan; así lo dice un periódico de allí que no puede ser sospechoso, pues está redactado por el hermano del Gobernador de aquella provincia, el Señor Browulon, muy afecto á los negros, y contrario, ó mas bien enemigo declarado de los confederados, de lo cual no cesa de dar las mayores pruebas con las crueldades que con ellos comete en toda ocasion.

El domigo último, un soldado de color hizo fuego sobre un paisano pacífico, que pasaba por una de las calles mas concurridas, y fué herido en una pierna. El viernes, varios soldados negros hicieron fuego sobre un blanco, que estaba en el paradero del ferro-carril, y lo hirieron. El lunes, un soldado negro asesinó á un soldado blanco. En fin, el martes, un cabo blanco del 9.° de caballería, fué herido á bayonetazos por un soldado de color en la calle de Gay, aquel era casado y padre de varios niños.

En Murfresboroo hubo el miércoles un combate en regla entre la tropa blanca y la negra, que forman la guarnicion. Los soldados negros pretenden que solo ellos debian hacer la policía de la ciudad, é impedir que sus hermanos, los blancos, pudieran circular por ella. Vencidos los negros, se han vengado acometiendo á los paisanos indefensos que encontraban en su camino. Han maltratado y dejado por muerto á Mr. Sage, agente de la oficina de los emancipados.

En Georgia, los emancipados, que empezaron á trabajar en las fincas, han vuelto á revolucionarse, por las instigaciones de las maniobras secretas de los radicales (1).

En Elinton, los negros han asesinado dos soldados federales, que habian sido enviados allí para mantener el órden en la finca de Mr. Gray. Lo mismo ha sucedido en la finca de Mma. Blandhead, del condado de Jones.

Se dice de la fortaleza Monroe, que unas partidas de negros armados con rewolvers, fusiles, lanzas y cuchillos, han recorrido las calles de la ciudad, amenazando á los antiguos separatistas. Un destacamento de caballería

---

(1) Si los radicales han trabajdo para conseguir la emancipacion de los negros, y hoy buscan el modo de que no trabajen, ¿qué es lo que pretenden? ¿No es esta una prueba eficacisima de que ellos tienen otro interés que el de la humanidad, al trabajar para la destruccion de la esclavitud? Hay muy frecuentes ejemplos de esa conducta de los negrófilos.

ha podido ahuyentarlos en parte, y ha llevado presos 24 de ellos, cogidos con las armas en la mano.

En Kocket Grounds, ha habido batallas entre negros y criollos, y la fuerza armada ha debido intervenir para separarlos (1).

Acaba de venirnos de Jamaica la noticia de que en algunos puntos de la isla, los negros habian degollado cuantos blancos se encontraban alli; y el complot era tan extenso que en todas partes han debido hacerse prisiones, encontrándose en poder de los presos documentos ó armas que indicaban su cooperacion, y tambien los nombres de muchos cómplices; el Gobernador de aquella isla ha debido enviar por fuerza armada á las varias posesiones inglesas

---

(1) La crónica de New-York del 8 de Noviembre, entre otras cosas dice: «Un telégrama fechado en Jackson del dia 4, dice: que habiendo sido asesinados Mr. B. Welkinson, del condado de Laberdale, y el ex-general confederado W. B. Wade, que los habitantes se habian apoderado entre dicha ciudad y Raimond de dos soldados negros, los cuales probablemente serian fusilados, y que los negros de Vicksburg y los soldados federales de esta clase, que alli se hallan, estaban celebrando *meetings*, en los cuáles hablan de defender sus derechos, es decir, los derechos que no tienen, y á que aspiran unos pocos de ellos, aleccionados por los radicales, etc.» Esto huele mucho á un porvenir semejante al estado de Jamaica.

inmediatas, no siendo suficiente la guarnicion ni la milicia que se improvisó, para no morir todos asesinados. Se dice que la revolucion no fué sofocada sino despues de la muerte de varios cabecillas y de mas de dos mil revolucionarios.»

¡Esos negros, que son libres desde hace 32 años, que no están obligados á nada, que gozan del privilegio de ciudadanos, pues hay muchos en el Palamento; que están bajo el amparo de aquella nacion, que pretende estar al frente de la civilizacion, aun no han podido comprender lo que es la libertad! ¿Y qué dirán ahora esos acérrimos filántropos, al ver que los negros de Jamaica no han podido aprender á vivir en sociedad despues de tantos años? Es de suponerse que los negros que han cometido esa infamia no son de los que nacieron en época lejana, ni de los que han sido esclavos; tampoco serán ciertamente los viejos quienes hayan emprendido esa matanza. Desengañémonos, los negros no quieren ni pueden querer nunca á los blancos; no porque hayan sido sus amos, sino porque la índole de esa raza corre parejas con la de las fieras.

Los abolicionistas no ignoran las tendencias

del negro libre; y si antes les era desconocido su modo de conducirse, no pueden ya ignorarlo despues de la guerra de América, tan fecunda en hechos feroces por parte de los negros. Pero se puede creer que no les conviene ver las cosas por el prisma de la verdad. Mr. Johnson, actual Presidente de los Estados Unidos, en un fragmento de un discurso que pronunció en Nashoille en 24 de Marzo de 1862; dice cosas muy dignas de entrar en la série de nuestras irrecusables pruebas. « La »cuestion, dice, de la esclavitud, es solo el »pretesto de la guerra. Sabiendo que quince »Estados son interesados en esta institucion; »los partidarios del Sur la han explotado en be- »neficio propio, y los abolicionistas del Norte, »con sus ideas tambien egoistas, se han unido »á ellos para causar el mal. *Sumner* ha que- »rido la ruina del Gobierno. Abolicionistas y »separatistas, todos son unos ambiciosos, y »tan culpables unos como otros.»

Creemos que la autoridad que acabamos de citar, es bastante competente; hombre dotado de gran talento, manifiesta á la vez el mayor deseo de evitar toda violencia, de aplacar los ánimos, tan excitados, y que los republicanos quisieran abatir por medio de los tormentos mas crueles. Pero todo es inútil (1).

(1) Copiamos de la *Prensa de la Habana* del 24 de Diciembre próximo pasado, el cuadro que de la situacion de Jamaica traza el Gobernador general de la colonia.

«Deber mio, dice el Gobernador, es declarar que toda la colonia ha estado largo tiempo, y está aun, al borde de un volcan, que puede de un momento á otro hacer terrible erupcion. Apenas hay distrito ni parroquia en la isla en que la deslealtad, el espíritu de sedicion y el asesinato no estén diseminados con profusion, y en muchos casos abiertamente expresados. Las falaces representaciones de los que se dan el nombre de filántropos de Inglaterra y de América; las arengas incendiarias y los sediciosos escritos de los demagogos políticos, de algunos hombres que piensan mal, y de los cuales unos ocupan cierta posicion en el mundo, y otros no tienen reputacion ni nombre que comprometer; los artículos desleales, vengativos, difamatorios y personales de una prensa sin escrúpulo y desenfrenada; y los perversos consejos de ciertos ministros de la religion, llamados así por mal nombre, si se toman en consideracion el ejemplo y los principios del Salvador; han producido su efecto, natural, necesario, inevitable, sobre una poblacion ignorante, susceptible y bárbara, conduciéndola á la rebelion, al incendio y al asesinato.»

«Doloroso es, señores, tener que articular semejantes acusaciones; pero son la expresion de la verdad, y no creo que sea este el momento de entregarse á una fraseología brillante, ni de aspirar al lucimiento de galas oratorias. *Un gran peligro amenaza al país*, y es tiempo ya de que nos concertemos y tomemos medidas para evitarlo. Si queremos impedir la reproduccion de la terrible prueba que acabamos de sufrir, preciso será que examinemos atentamente las causas que la han producido, que sondeemos las profundidades de nuestro estado social, para descubrir allí el orígen del mal.»

Una vez libres los negros de los Estados del Sur, parecia muy natural que permaneciesen tranquilos, disfrutando del beneficio que se les dispensaba, siempre que se amoldasen á las instituciones impuestas á todo vecino de una localidad cualquiera de la Union; pero lejos de suceder así, vemos que en los Estados donde moran los abolicionistas mas exaltados, es precisamente en donde los negros son repelidos de todas partes. ¿No les han dicho terminantemente los Presidentes que no debian esperar ser considerados como los blancos? ¿No buscó el Presidente Lincoln, un punto en donde poder formar una colonia para libertos? ¿Y qué dicen hoy los vencedores americanos? ¡A nuestros padres tocó destruir la raza colorada; á nosotros corresponde acabar con la negra!

En verdad que aunque no lo dijeran, debiera comprenderse así por la conducta que con ellos observan, manteniéndolos á gran distancia, y excitándolos á que siembren el desórden por donde quiera que pasan. ¿No es pues la miseria el fruto de este órden de cosas? Y la miseria los mata, y los matará la ley si impulsados por la necesidad cometen delitos; y los blancos los excitan á cometerlos, poniéndolos en el caso de ser castigados, sea con la deportacion ó con otro castigo, durante el cual aprenderán á ser aun mas criminales. En fin, llegará tiempo en que esos desdichados no tendrán donde poder vivir tranquilamente, y su exasperacion hará que los cacen como á fieras; es decir, como aun lo hacen los norte-americanos con el resto de la raza colorada. Esto es lo que aguarda á esos séres, para quienes la libretad es el mayor de los males.

Afortunadamente no todos los abolicionistas son de esa especie; quizás les llame la atencion lo que acabamos de referir, ó tengan ocasion de leer en muchos periódicos hechos que aun los convenzan mas que los que citamos: entonces, sin duda, si realmente los anima el deseo de hacer el bien, darán á sus esfuerzos otro giro diferente, y en tal caso vendrán á ayudarnos, no tan solo á llevar las cosas al fin santo que demandan la justicia y la humanidad, sino que tambien vendrán á cooperar á la coordinacion de un plan, que sin violencia alguna, pueda encaminar las cosas al término ansiado por ellos, por nosotros y por todo hombre de sana conciencia. Mientras tanto, dejen que suplamos al trabajador actual por otro que no cause detrimento á los productos agrícolas é industriales de estas ricas y feraces posesiones españolas, y no vengan sobre todo á decirnos, cuando obligamos á un colono cualquiera á cumplir lo que ha contratado, sabiendo que él puede y debe llenar esa obligacion, que le tratamos como si fuera esclavo (1); no nos digan, en fin, que la importacion de colonos, es una trata disfrazada; porque en el primer caso, les diriamos que desconocen sus deberes sociales; porque el hombre que no cumple lo que ofrece, recibiendo por ello entre otros muchos beneficios, un salario, merece un castigo; y si ellos lo protegen contra los efectos de la ley, serán unos malos ciudadanos, porque sostienen la injusticia y el desórden. En el segundo caso, deberemos ver la intencion de impedir que el hombre que sufre, porque no halla en su país los medios de proporcionarse la subsistencia,

---

(1) Las contratas de enganche de los colonos, no contienen otras condiciones que las prescritas en los reglamentos, del Superior Gobierno; y es bien notorio, que mas favorecen á los colonos que á los patronos.

pueda emigrar á otro donde se le facilitarán recursos con que atender á sus necesidades, sin verse jamás expuesto á la miseria que le incitaba á salir de su pátria, y donde encontrarán proteccion de parte de la autoridad, en caso de injusticia, y de parte de su patrono, cuyo interés, por no decir los deberes de humanidad, le obligarán á ello; y debemos añadir, que si por una parte desean que se acabe la esclavitud, y por otra no quieren que esos trabajadores lleguen á ser sustituidos por otros, deberemos ver en su propósito, no ya ideas de humanidad, sino de especulacion ó de fanatismo; porque no podrian ignorar que la suspension de trabajos perentorios, al menos por algunos años, es la ruina de todo pais agricultor ó manufacturero.

Antes de concluir este párrafo consignaremos un gran argumento, con el cual se ha tratado de convencernos en distintas ocasiones, de que el negro libre trabaja lo mismo, si no mas, que cuando era esclavo. Se nos dice que en la isla de la Barbada, los libertos trabajan mas que antes; y la prueba está en que en lugar de treinta mil bocoyes de azúcar que entonces producia aquella isla, despues de la emancipacion han ascendido hasta cuarenta y cinco mil. El argumento, á primera vista parece concluyente; pero no lo será luego que se sepa que aquella isla la constituye una reducida porcion de terrenos tan privilegiados, que apenas se halla una parte que no sea laborable; ni hay espacio alguno que no tenga dueño. De consiguiente, donde quiera que el negro se sitúe, encontrará quien con legitimos derechos le obligue al desalojo. Todas las islas circunvecinas son miserables; de ellas han emigrado muchos negros á San Tomás, donde ya no caben, y donde la miseria los acosa y obliga á algunos á retirarse, para ir á llevar la noticia á otras islas á donde cesa muy pronto el deseo de emigrar. Los negros de la Barbada, no han podido pues emigrar, porque no han visto donde poder asegurar su subsistencia sino á costa de esfuerzos supremos.

Esto es lo que ha obligado á esa gente á sujetarse al trabajo, unos en las fincas de los que fueron sus amos, otros en donde han hallado cabida; y en sus ajustes han convenido en alimentarse por su cuenta.

En época de la esclavitud, los hacendados

dedicaban parte de sus tierras al cultivo de las viandas necesarias para mantener á sus siervos; negándose estos ahora á que su manutencion forme parte de su salario, han debido abandonar el cultivo de las viandas, para aprovecharse del producto de una planta que aumente el rendimiento, y estar en mejor situacion de poder pagar los jornales. De aquí procede el exceso de los quince mil bocoyes que produce esa isla. Pero aunque esa produccion sea mucho mayor, no por eso resulta al hacendado el aparente beneficio de una suma mayor de productos. En otros tiempos, tan solamente la carne y el bacalao les iban de otros paises, siendo los únicos ramos en que el hacendado tenia que hacer desembolsos para la manutencion de sus esclavos. Y si bien entonces estaba obligado á vestirle, hoy tiene que darle el salario convenido, en el que van incluidos el vestido, la carne, el pescado, y el valor de las viandas, que las islas vecinas cosechan sin necesidad apenas de cultivo; y por cierto que son pagadas á buenos precios. En fin, hoy en la Barbada, el hacendado paga salarios de que antes estaba exento; y estos son mas fuertes que el valor del interés del dinero que Inglaterra ha dado á los amos en compensacion del despojo de sus propiedades.

La isla de la Barbada es inglesa: hay otras muchas pertenecientes á la misma nacion en aquellos mares: nunca se nos ha podido citar otra que esté en el mismo caso: y si Demerara y Trinidad, en las Antillas, y Mauricio, en la India, están mejorando la produccion, esto es debido á la colonizacion Indo-China. Las demas están, sin excepcion, sumidas en la mayor miseria, fin que aguarda irremisiblemente á todo país en donde la esclavitud sea considerada del modo tan erróneo que hasta aquí, y si desgraciadamente llegase á abolirse. Permítasenos declarar lealmente, que no es nuestro propósito coadyuvar á que se ampare ó se tolere la trata; pues lejos de esto, somos de opinion que bajo ningun concepto debe permitirse, antes bien redoblar los esfuerzos para acabar de extinguirla. Al manifestar nuestro deseo de que permanezca la esclavitud existente, es porque comprendemos que esta deberá acabar por sí misma, como sucedió en la antigüedad.

Si despues de tantas pruebas irrecusables, el abolicionista persevera en su ciego designio, forzosamente tendremos que repetirle que sus intenciones son siniestras; pues que su único objeto es sumir en ruinas un país, del cual emigrarian espantados sus habitantes, antes que sucumbir á manos de libertos desenfrenados y salvages, ó por efecto de la mas espantosa miseria. Este seria el fruto que conseguirian esos furibundos instigadores, y el placer de ver borrada del Diccionario la palabra *esclavitud*. Pero tengan entendido que en aquel hueco se escribiria con la sangre de las víctimas y con tipo sobresaliente: Horror, Miseria.

Pero bueno seria saber ¿cuántos de esos filántropos, tan oficiosos y declamadores, concurririan con sus caudales para indemnizar á los que así tratan de despojar del principal elemento de su fortuna? Mucho nos tememos que la filantropía de esos buenos señores, en un caso dado, se detendria mohina y egoista, muy antes de llegar su mano á las arcas de su tesoro, si le poseyeran.

Nosotros, que á la vez que hemos estudiado á fondo el sistema de esclavitud en las Américas, principalmente en Cuba; el método empleado en los trabajos de la agricultura y de otros á que los esclavos están habituados; el modo con que sus amos los tratan; las necesidades y producciones de estos paises; su clima y sus costumbres, á la vez hemos tratado de sondear con empeño la índole de gran número de abolicionistas, sus intenciones, sus posibles, ocupacion, posicion social y tendencias políticas; y hemos venido á sacar en limpio, que todos ó la mayor parte, son meros declamadores, aspirantes á empleos, especuladores de profesion, hombres sin juicio ni experiencia, ambiciosos sin límites, entes en fin sin conciencia, ó fanáticos desagradecidos, cuyo cerebro ha sido trastornado con la lectura de periódicos y folletos confeccionados en esos países cuyos habitantes están siendo hoy víctimas de sus propios desaciertos, en punto á emancipacion de la esclavitud. Estos mismos hombres, que nunca han tenido esclavos, ni medios con que poderlos adquirir, insultan de palabra ó por escrito, á todo el que por humanidad y patriotismo, ó porque temiendo que algun dia pueda llegar á suceder lo que esos descarriados anhelan, defienden de algun modo su fortuna, y á la vez los intereses de su pátria y los de infinidad de familias honradas que quedarian sumidas en la miseria.

Veamos ahora cuáles son las razones que exponen los abolicionistas en apoyo de su pensamiento; porque todavía no hemos oido una que tenga algun valor, entre tanta palabrería, entre tanto plan descabellado, con que pretenden cambiar el órden de cosas establecido, cambio que ningun bien ofrece, y que lejos de ser así, ellos mismos saben que el único resultado que daria seria, como ya hemos manifestado, el placer de salvar un principo quimérico á costa de la infelicidad de un número de individuos seis veces mayor que el de los esclavos que quieren ver libres, para sus fines particulares. ¡Y, maldito sea todo principio que tenga por objeto hacer un gran número de víctimas, sin otro fruto mas laudable que el de satisfacer un deseo bastardo! Para demostrarles aun mas la clase de bienes que tratan de proporcionar á la humanidad, y el fin á que conducen, les recomendamos la lectura de la nota que va al pié (1)

---

(1) Dice la *Crónica de New-York* del dia 4 de Noviembre. « Consta de documentos oficiales, que la mortandad de libertos en parages donde no ha podido protegerlos la secretaria creada con este objeto, ha excedido del treinta por ciento,

Indiquen los abolicionistas de la esclavitud el medio de hacer mas dichosa á esa porcion del género humano, pero sin perjuicio de nadie, y entonces, solo entonces juzgarémos su conducta como emanada de corazones sanos y benéficos, y serémos los primeros en aplaudir y tributarles toda la gratitud á que se hubiesen hecho aceedores. Mientras esto no suceda, los combatirémos sin tregua y por cuantos medios lícitos estén á nuestro alcance. Pero como quiera que nada bueno debe esperarse de los que ciegos en su frenesí de emancipcion, ni aun quieren oir la voz de la sana razon, que les grita: ¡deteneos, insensatos, á pensar por un momento en los trastornos, en los males que vais á ocasionar á la humanidad con

---

mientras que donde no se han establecido colonias, y se los ha atendido debidamente, se ha logrado reducir á cuatro por ciento el número de victimas de la *repentina transicion*.»

Y nosotros añadirémos, que como no se ha obligado á los negros al trabajo, han muerto en medio de la miseria y del desórden; pero si se les obligase á trabajar, tanto para mantenerse en buen estado de salud, como para ponerlos al abrigo de la miseria, pronto saldrian los negrófilos con algun discurso *en plein vent*, para decirnos que eso equivaldria á una esclavitud disfrazada, puesto que se trata de forzar al hombre libre á que trabaje; ¡y esto no se debe hacer ni aun con los propios hijos!

vuestro detestable proceder! pasaremos á exponer los medios que juzgamos mas adecuados para conseguir que la isla de Cuba se sostenga en su gran posicion productora, sin necesidad de precipitar las cosas ni de hacer los grandes sacrificios, que muchos consideran que se está en el caso de hacer, porque el *progreso del siglo* lo reclama así, segun ellos preconizan.

CAPITULO SEGUNDO.

§ I.

Proyecto que tiene por objeto sostener en buen pié de produccion la agricultura en las islas de Cuba y Puerto Rico.

Dice el Señor D. Vicente Vazquez Queipo en su luminoso informe fiscal, pagina 15 (1). «Llevados los ingleses de sus calcu-»lados, ó tal vez si se quiere, generosos y »sinceros sentimientos de humanidad hácia »sus esclavos, acordaron en 1833 su completa

---

(1) El *Informe Fiscal* del Señor Vazquez Queipo es, sin embargo de su concision, tan completo, que con dificultad pudiera dársele mas fuerza lógica, á pesar de cuantos datos pudieran añadirse; pues que prueba la verdad del juicio que ha formado de las materias que abraza; y la parte relativa á la colonizacion, aumento de brazos, inconvenientes económicos, etc., todo, todo debiera copiarse aquí á fin de recordar en estas circunstancias, cuan bien juzgaba de los efectos de la emancipacion, y de todo cuanto interesa á la isla de Cuba. Nosotros satisfariamos nuestro deseo, si la reducida extension de este opúsculo lo permitiera; pero sí encargamos á todos cuantos interere el estado de las cosas en Cuba, que lean esta obra importantísima.

»emancipacion, despues de un pequeño nú-
»mero de años de un régimen intermedio, que
»debia prepararlos al goce de una absoluta li-
»bertad. Los sucesos caminaron mas aprisa en
»las colonias que las ideas en la metrópoli; y
»no solo el Gobierno se vió en la precision de
»otorgar antes del tiempo prefijado la libertad
»á los esclavos, sino que hubo de pasar por el
»amargo desengaño de ver frustradas sus mas
»halagüeñas esperanzas, por la invencible re-
»sistencia de los negros á todo trabajo metó-
»dico y sostenido.»

Esto sucedió entonces; esto sucede en los Estados Unidos, y esto sucederá en donde se trate de emancipar la esclavitud y donde quiera que no se dicten medidas coercitivas para reprimir el desórden que causa una libertad que no se conoce, porque no cabe en la mente de los negros que la libertad dá solamente, *el derecho de trabajar, y el goce del producto de su trabajo.* Pero bien es verdad que esas ideas, esas creencias relajadas, son parto de hombres depravados, de fanáticos que nada tienen que perder, y que con sus declamaciones han extraviado los cerebros de esos infelices; complaciéndose quizás con las peripecias desgarradoras de un drama, en que se ven pasar á la miseria y degradacion mas espantosa, hombres que gozaban de un bienestar envidiable. Calculen los señores filántropos el número de negros emancipados existentes, y comparándolo con el de la época de su esclavitud, nos dirán á cual de los dos estados darán la preferencia.

Á cuatro millones asciende el número de esclavos emancipados en los Estados Unidos, (parte del Sur); es probable que dentro de diez años no exista un cincuenta por ciento de esos infortunados. Habrá quien suponga lo contrario; pero nosotros que conocemos el terreno que pisamos, y que vemos las cosas desapasionadamente, creemos que nuestro pronóstico se cumplirá, aunque desaríamos equivocarnos; porque la licencia, la miseria y los crímenes se llevarán la mitad al sepulcro.

Hemos hecho mencion de una revolucion en Jamaica, en donde los negros libres, pues no hay otros, han degollado un crecido número de blancos: esos negros libres, desde hace mucho tiempo vegetan como los salvages, en la indolencia mas punible, sin ambicion de ninguna especie, y viendo con la mayor indiferencia los progresos del siglo, porque todas sus aspiraciones se cifran en poder salir del dia, sea del modo que fuere, sin pensar en el porvenir. Trabajan los menos, y estos se hacen pagar muy caro las cortas tareas que desempeñan, siempre de mal humor, y haciéndose rogar del modo mas desesperante para todo el que se vé en la dura necesidad de valerse de ellos.

Un crecido número, acaso la mayor parte, se han apoderado de propiedades abandonadas por falta de trabajadores y por huir de las vejaciones que esos vándalos modernos les hacian sufrir de contínuo. El Gobierno sin embargo los protege, atropellando todos los derechos é intereses de los blancos: forman parte del Parlamento de Jamaica; y con todo esto se sublevan, degüellan sin piedad á cuantos pueden, y llevan su ferocidad y su rencor hasta el punto de querer arrasar las ciudades por medio del incendio. ¿Qué dirán á esto los filántropos instigadores? ¿Tendrán la osadía de sostener que los negros deben entrar desde luego á formar parte de nuestra sociedad, sin correr el riesgo de ver atropelladas y pisoteadas sus mas santas instituciones? ¡No, mil veces no! ¡Dígannos lo que se ha conseguido hasta ahora despues de haber arruinado á tanto padre de familia! Nada mas que sacrificar inutilmente miles de víctimas; nada mas que saciar el loco deseo de dar libertad á séres ingratos; de querer hacer iguales, razas enteramente distintas; de querer hermanar con la raza blanca, hombres cuya complexion los impele al abuso.

Norabuena que no se nutra esa institucion, trayendo de África nuevos individuos; pero el único medio de no producir desórdenes es mantener las cosas como están, hasta que el tiempo las vaya haciendo caducar. Mas diremos, y es, que todo liberto que se ocupe en seducir á los esclavos, sembrando entre ellos el desórden y la discordia, sea desterrado á Fernando Póo, donde se hallará perfectamente; allí no tendrá para que predicar sus ideas, y aprenderá á trabajar para mantenerse.

Marchando así las cosas, la agricultura conservaria un cierto número de trabajadores por un tiempo que permitiria que vinieran á reemplazar sus faltas otros, de quienes nos ocuparemos luego. Así se podria conservar el órden sin que la produccion decayese: así se conseguiria que el capital, en lugar de perderse, ó de que fuese llevado á otro pais, permaneciera en Cuba; y quizás esto haria que otros muchos afluyesen á esta hermosa isla, tan acreedora á la benevolencia y distinciones del alto Gobierno.

Probado hasta la evidencia que los negros libres, por sus tendencias naturales, abusan de la libertad; que de consiguiente el Gobierno, para morigerarlos, necesitaria hacer grandes gastos; que una vez libres esquivan el trabajo; que la produccion decaeria infinitamente, y que en ese caso el Gobierno no deberia contar con el cobro de contribuciones; que el negro ocioso ocuparia incesantemente los tribunales de justicia, etc., etc.; no dudamos afirmar que es mas equitativo y mas conveniente que los negros continúen como están cuidados con esmero por los que los tienen sujetos al trabajo, sin relajar jamás el vínculo que los sujeta al órden establecido, y guardando todo miramiento á la sociedad en que viven.

Los filántropos, al leer esto, pondrán el grito en el cielo. Permitaseles ese desahogo en medio de su despecho, pero sin dar jamás entrada á sus ideas disolventes, ya que no pueden rechazar nuestras proposiciones por ficticias ó quiméricas, como lo son todas las suyas.

Pruébennos que las ideas en que fundamos nuestro plan no son las mas ajustadas á la razon, á la justicia, y mas favorables al pais, al amo y al esclavo mismo, y nos declararémos vencidos. Esto les pedimos, pero sin ambages ni tergiversaciones de ninguna especie. Y si ellos dudan de lo razonable de nuestras proposiciones, les convidamos á que vengan á Cuba, para que vean que hay un crecido número de negros que rechazan la libertad, porque saben que al lado de sus señores les va perfectamente, sin estar expuestos á la vida azarosa de la mayor parte de los libertos.

§ II.

Colonizacion.

El que no haya habitado en un país donde exista la esclavitud y la escasez de brazos, estará muy inclinado á creer que nada queda que decir sobre colonizacion; pues es tanto lo que se ha escrito sobre el particular, y de tan buena fé, que ya se considera este punto fuera de toda discusion. Pero como quiera que consideramos que esas capacidades, dignas de todo elogio por sus tendencias filantrópicas, han partido de un principio equivocado, sus deducciones, necesariamente, habian de ser erróneas.

Tambien han tratado esta cuestion diversos autores, que solo han tenido por móvil la especulacion; al paso que á otros, llevados de sus ideas fanáticas, les bastaba saber que ciertas compañías habian contratado un número de emigrantes para ir á trabajar á paises extraños, y que esas compañías continuaban ese negocio, para exclamar, *que eso era una trata disfrazada;* llevando la calumnia á tan alto grado, que no han tenido escrúpulo en repetir, siempre que les ha sido conveniente, que los colonos importados de China ó de la India eran robados; ¡asercion grosera y torpe que no cabe en cerebros organizados! porque ¿á quién se puede hacer creer posible el hurto de un crecido número de individuos, la mayor parte civilizados y astutos, persuadiéndolos á la vez á declarar ante las autoridades de sus paises que habian recibido avances, y que emigraban voluntariamente, si por medios violentos hubiesen sido llevados á un punto cualquiera, en donde rijan leyes terminantes sobre colonizacion; como sucede en Macao, en Canton ó en Cuba? Las autoridades de los dos primeros puntos citados, explican á cada colono las cláusulas de su contrato; les dan seis dias para reflexionar si les convienen las condiciones; pasado ese tiempo, los que perseveran en su propósito de emigrar, vuelven al procurador, quien despues de haberles leido de nuevo las cláusulas de la contrata y de recibida su adhesion, los declara definitivamente contratados; la contrata está extendida en presencia del interesado, que la firma con la autoridad. Legalizada esta por el Cónsul de

S. M. C., se entrega una copia al colono, otra á la empresa; una es enviada al Gobierno de S. M. y otra al Excmo. Sr. Gobernador general de Cuba. No sabemos que en la sumaria que el Gobierno manda extender á la llegada de cada buque á la Habana, haya habido colonos que declarasen que han venido robados ni contra su voluntad.

Verdaderamente esas pruebas son tan risibles y contraproducentes como todo cuanto forjan en su mente los ciegos detractores de la inmigracion de colonos. Así que, continuaremos nuestra tarea, sin cuidarnos de refutar esas calumniosas recriminaciones, harto rechazadas por el buen juicio.

La idea de emigrar ha debido ser la consecuencia del convencimiento de que la poblacion del país no está en relacion con la extension de sus tierras, con la riqueza de su suelo, ni con esa gran facilidad para el comercio que ofrecen las vias de comunicacion naturales ó artificiales; ó bien de que el sistema de gobierno no ofrece al hombre industrioso, á pesar de sus constantes labores, los medios de proporcionarse en su país lo necesario ó de crearse una posicion para sí y para su familia. Esto nos conduce á hablar de la colonizacion, que muy bien habrá podido tener su principio en ideas ambiciosas; pero á mas de esto existe una causa que llamaremos principal, y que es enteramente física. Esta es la tendencia al nivelamiento de todas las cosas; y en efecto, así como una cantidad superabundante de líquido se derrama por los bordes de un recipiente, de la propia manera la poblacion excesiva de un país, impulsa á los ambiciosos ó necesitados á buscar donde hallar cabida, en donde poder utilizar su trabajo con mayores creces, con mayor probabilidad de buen éxito. La Irlanda nos ofrece un ejemplo concluyente de esta verdad: una gran parte de sus hijos emigra para trabajar en otras partes. En los Estados Unidos de América encuentran un campo vasto con que llenar sus deseos; algunos se estacionan en las ciudades, porque hallan diferentes industrias en que ejercitarse, y que su país no les brindaba; y cuando han sabido aprovecharse de su posicion ventajosa, no retardan el momento de ponerlo en conocimiento de sus parientes y amigos, para que estos á su vez abandonen el suelo natal, para trasladarse al afortunado y capaz de hacer la felicidad de un número de habitantes diez veces mayor del que contiene.

Muchos especuladores provocan tambien ese movimiento humanitario, y esta es una de las razones en que se apoyan los filántropos para afirmar que esa clase de negocios es una trata simulada; pero apoyan sus razones en hechos fabulosos y mal zurcidos; que tocan el ridículo. De suerte que no se adivina qué medios pudieran emplear los proletarios infelices para poder emigrar, si en el adelanto que se les tiene que hacer así en dinero como en gastos de pasage, alimentos, vestuario y demas, un empresario cualquiera, no contase con algunas probabilidades de buen éxito en su especulacion. No hay que andarse con hipocresias: confiésese que nadie, ni aun los propios filántropos, arriesgarian sus capitales en medio del golfo, solo por el gusto de librar de la miseria á unos cuantos miles de homres con quienes no los ligan mas que los vínculos de hermanos en Jesucristo.

Descemos, pues, que las empresas de colonizacion alcancen la utilidad que se proponen sacar de los capitales, que invierten en unas empresas tan azarosas; porque de no ser así, ese beneficioso movimiento de brazos no tendria lugar, y los capitales que hoy se invierten en esas especulaciones, permanecerian estancados é improductivos. Y no es este solo el bien que produce la emigracion. Sabido es que entre las clases menesterosas es donde relativamente se comete mayor número de crímenes; así como se puede probar que estos disminuyen á medida que mejoran las costumbres y el bienestar de la clase inferior de la sociedad.

El exceso de poblacion engendra necesariamente la miseria. Un célebre autor ha dicho: «Las sociedades exhuberantes están destinadas á la desgracia.»

La poblacion posee en sí misma infinitas fuerzas de reproduccion, mientras que la tierra que debe proveer á su subsistencia, las tiene muy limitadas. Supongamos que los productos de la tierra fuesen siempre unos mismos, lo que no es natural, porque la tierra llega á cansarse; esos productos que bastaron para un número determinado, no podrán ya ser suficientes para una poblacion que crece dia por dia; para que esto no acontezca, es necesario que haya tierras vírgenes, que reemplacen las ya debilitadas; pero aun así llegará dia en que estas con dificultad produzcan lo suficiente para sostener la poblacion.

Nadie ignora que Inglaterra cultiva sus tierras con el mayor grado de perfeccion; y sin embago no rinden, con mucho, lo bastante para alimentar á sus habitantes. Por eso es que ese Gobierno protege la emigracion; y solo así, y ayudada de su industria, consigue disminuir el número de víctimas de la miseria. La China y cualquier otro país que no posea elementos de industria, y cuya poblacion sea exhuberante, deberán imitar el régimen observado por esa gran nacion, lo contrario sería una inhumanidad. Vista ya la utilidad de proteger la emigracion, continuarémos esplayando nuestro proyecto.

Mr. Buxton dijo en una de las sesiones del Parlamento Inglés, que deseaba someter al Gobierno de S. M. dos ó tres medidas suplementarias (se trataba de la abolicion de la trata), que creia debian dar grandes resultados. Una de ellas habia sido sugerida por Lord John Russell, y que tenia por objeto reemplazar el tráfico de de esclavos en Cuba, con la introduccion de trabajadores libres, procedentes de China ó de la India. (1)

Este propósito, si se hubiera realizado hubiera sido evidente prueba de las buenas intenciones de Inglaterra en favor de un sistema verdaderamente humanitario, y libre de toda especie de especulacion; pero parece que tuvo sus opositores, pues no solo no se protegió la mocion, sino que el Gobierno de Hong-Kong, y sobre todo los cónsules ingleses y los misioneros en China, hacen cuanto pueden para impedir la emigracion á Cuba, bajo mil pretestos fútiles, emanados de la especulacion ó del fanatismo. Por lo que toca á lo primero, bastará decir que el cónsul general de Canton y los misioneros de aquel punto, protegen la emigracion para Demerara y Trinidad, mientras que todo agente de otra empresa para un punto que no petrenezca á Inglaterra, se halla perseguido por la autoridad China, hasta el es-

---

(1) Una memoria que en 1860 habiamos confiado á Mr. Damby Seymour, miembro del Parlamento, fué leida por Lord Woodhouse, que era entónces secretario del *foreing office* con Lord John Russell; la cual contenia la proposicion que menciona Mr. Buxton. No dudamos que Lord Woodhouse la comunicase á Lord Russell.

tremo de hacerle perder el dinero que haya adelantado á los colonos, y arrebatárselos, para hacerlos pasar en seguida á manos de los agentes ingleses. De indios, no se trate; pues la Francia, que emancipó sus esclavos, á duras penas pudo conseguir que Inglaterra le permitiera el embarque de seis mil indios, contratados por cinco años, y con la precisa condicion de volverlos á su país concluido su enganche. Para conseguir esto tuvo el Gobierno francés que comprometerse á no importar en sus colonias, africanos aprendices, no obstante la condicion de volverlos á su país finado el tiempo del contrato. Y no se crea que la emigracion de indios fuera facilitada por el Gobierno inglés; muy al contrario, los agentes han tenido siempre que vencer miles de dificultades, ocasionadas por el gobierno local y los agentes de otras colonias inglesas. En prueba de lo que decimos, manifestaremos las cláusulas de la concesion: Se impuso á los agentes de la isla de Borbon la condicion de que en menos de seis meses deberian contratar los seis mil colonos; y la época señalada era precisamente la misma en que los agentes de la isla Mauricio hacian sus embarques de colonos.

De modo que no podia contarse con poder recolectar la mitad del número señalado, en el tiempo de la concesion general. Y he aquí que Inglaterra donosamente daba á la Francia con una mano lo que con la otra le quitaba.

Todos los que se han ocupado de emigracion india, por ejemplo, de coolies, para las colonias, saben que desde Setiembre hasta Marzo los coolies escasean mucho, á causa de ser la estacion de las cosechas, y la época en que son embarcados para las colonias inglesas; y esta fué, como ya hemos dicho, la señalada á los agentes franceses, mientras que de Marzo á Setiembre hay aflujo de esos colonos, y por consiguiente seria mas fácil su enganche, y á precios módicos.

A esto debe añadirse que los agentes ingleses hicieron cuanto pudieron para desacreditar las colonias francesas, á fin de evitar la competencia. Estas noticias fueron publicadas en el *Journal du Havre* de entonces.

Dígasenos ahora, ¿qué son seis mil trabajadores en comparacion del número de brazos que se necesitaban para atender con urgencia á tantas necesidades, como es notorio reclamaba un país agricultor, y cuyas tierras requieren sumo trabajo para hacerlas productivas, por hallarse ya cansadas? ¿Y por qué se ponian esas trabas? ¿Era acaso porque habia, ó hay escasez de brazos en la India? No ciertamente. Pero sobre todo ocurre preguntar. ¿Qué derecho tiene Inglaterra de oponerse á que los africanos sean contratados para ir á trabajar á paises donde no hay esclavitud? Dificil es darse cuenta de esa especie de autoridad que Inglaterra se abroga de hacer la policía en todas las partes del mundo? Si al menos esa policía se hiciera sin perjuicio de nadie, se le pudiera agradecer; pero ¿qué bien les redunda á los africanos con que Inglaterra los imposibilite de poder ir á colonizar aquellos paises, que se han arruinado nada mas que por haber seguido los consejos de esa culta nacion? A los negros ya hemos visto que no les resultan sino males sin cuento; y á quienes necesitan de trabajo mucho mas. Parece ya llegado el tiempo de que las naciones que poseen colonias, estudien con todo empeño esta cuestion, á fin de poner coto á semejantes abusos. Hay exceso de poblacion en África, en la India, y sobre todo en la China; y sin embargo en todas esas regiones los ingleses se oponen á la emigracion.

Mr. Buxton queria hacer cesar la trata, reemplazando la falta de trabajadores por medio de indios ó de chinos: ese hábil y concienzudo señor, ni siquiera alumbraba la idea de abolicion de la esclavitud; porque teniendo á la vista el triste ejemplo de cuanto ha sucedido en las colonias inglesas, le hacia comprender que semejante medida seria tan injusta como inhumana en sus efectos; comprendia que la importacion de coolies ó de chinos iria gradualmente reemplazando la falta de brazos; y que á medida que se supiera establecer esa colonizacion de un modo perfecto, llegaria á fijarse en términos que la agricultura pudiese contar con trabajadores, que con el tiempo harian inútil la esclavitud, que tanto se lamenta, pero que tan poco se conoce.

Mucho es de sentir que el Parlamento inglés no cuente con un cierto número de hombres que hagan poner en obra tan sanos principios, para que aquel Gobierno, toda vez que como mira politica, á lo que comprendemos, tiene el prurito de entrometerse en los asuntos de otras naciones, lo hiciera siquiera para legarles un bien real, en vez de las calamidades que les origina de contínuo, tal vez porque en su seno se abriga un génio maléfico, que los induce al error.

La idea de Mr. Buxton tendia á precaver el delito ó el desórden, si se quiere; lo que siempre seria mucho mejor que tener que castigarlo. Estamos en perfecto acuerdo con sus ideas; y así creemos, que para conjurar los acontecimientos funestos que los abolicionistas nos preparan, el Gobierno debe apresurarse á dictar reglamentos que reemplacen á los que rigen hoy acerca de la importacion de colonos, por la suma dificultad que ofrecen para su cumplimiento, á la vez que imposibilitan que las empresas de colonizacion establecidas puedan disminuir el costo extraordinario y ruinoso de embarque y desembarque, de lo cual nos ocuparemos en el trascurso de este escrito.

§ III.

De la carencia de brazos en Cuba.

Apenas se necesita decir que es grande la escasez de brazos en Cuba, porque todos los que conocen esta isla saben que solo una décima parte de sus tierras está cultivada, que las epidemias del cólera asiático del 33 y 50, y algunas de viruelas, se han cebado en los infelices negros con una violencia inaudita; y si un cierto número ha sido reemplazado por africanos y chinos, creemos sin embargo, que la actual existencia de trabajadores equivale á la anterior á esas epidemias: falta por de contado un cierto número para ir extendiendo las labores en terrenos vírgenes, así como para cubrir las bajas que por muerte natural vayan aconteciendo, y para atender al desarrollo gradual de las fincas, que siempre son dignas de la mayor proteccion. Se vé pues que el número de trabajadores necesarios para que esta isla se sostenga bajo el pié de produccion y de riqueza de que es susceptible, es cuantioso.

Autores muy recomendables, y en primera

línea citarémos al Excmo. Sr. D. Vicente Vazquez Queipo, han calculado el producto del trabajo, que pueden hacer en esta isla, los trabajadores esclavos; estos datos, comparados á los que tan exactamente ha calculado este autor, como producto de hombres libres, prueban hasta la evidencia, que la prosperidad de este país será gravemente afectada desde el momento en que se quiera ó se pueda sustituir el trabajo del hombre libre, al del esclavo. Creemos que esto es lo que quiso decir el Sr. Vazquez Queipo en 1845, época en que aun no se habia hecho el ensayo de trabajadores chinos; dichos cálculos fueron hechos entonces respecto algunos colonos europeos, que se supuso no podrian trabajar mas de ocho horas por dia, á causa del rigor del clima; se calculó tambien la clase de alimentos que el blanco demandaba y los gastos que con motivo de su vestuario debian hacerle exigir un sueldo muy crecido. Hoy los hacendados empiezan á sacar un partido regular de sus colonos; y es indudable que la necesidad hará que los mayorales perfeccionen su educacion de modo, que antes de mucho tiempo la colonizacion vaya siendo mas útil.

Asentamos, pues, que el medio de precaver la ruina de esta hermosa provincia, es recurrir á la importacion de colonos sin pérdida de tiempo, y protegerla como hemos dicho ya, y como mas adelante lo indicarémos; decimos que se haga cuanto antes, á fin de que el hacendado allegue los medios de proporcinarse las contratas de colonos á su costa; es decir, sin que el Gobierno tenga que ayudarle mas que con su proteccion. Si procediera como lo han hecho Inglaterra y Francia, tocaria entonces al Gobierno hacerlo, como á aquellas les toca el introducir los colonos á su costa, por hallarse los habitantes arruinados. Estas solas razones bastan para hacer comprender la utilidad del plan que proponemos, y rogamos á Dios que no le desconozcan.

CAPITULO TERCERO.

§ 1.

Clase de colonos que conviene importar en la isla de Cuba, teniendo presente las particularidades del clima, y de las ocupaciones que deben desempeñar.

Para hacer las cosas de un modo estable, es necesario examinar cuáles son las razas susceptibles de poder soportar el influjo de los climas intertropicales, y que el trabajador en su aclimatacion, no vaya perdiendo las fuerzas y la disposicion al trabajo, para que á pesar de esa ardiente atmósfera, pueda trabajar lo suficiente para recompensar satisfactoriamente los desembolsos que ocasione.

Los paises intertropicales han sido objeto de muchos y detenidos estudios; por lo que consideramos inútil ocuparnos especialmente de ello; pero no por eso dejaremos de enumerar las causas que consideremos indispensables, para probar de un modo eficaz, que los trabajadores destinados á Cuba deben ser especiales.

No admitimos, pues, que toda clase de trabajadores pueda soportar el clima ardiente de los trópicos; y por consiguiente, si no se escogiera la mas adecuada, los que fueran ensayando gente incapaz para los trabajos de esta isla, se expondrian á perder mucho. Pondremos de manifiesto las bondades y los defectos que hemos observado en cada raza, y despues indicaremos los diversos paises que tienen exceso de poblacion, dejando comprender, que en lugar de ser nociva la emigracion, redunda en beneficio de los pueblos; y acabaremos por manifestar los medios con que el Gobierno puede favorecer la colonizacion, á fin de que su costo sea lo menos crecido posible.

Conviene que la colonizacion favorecida por el Gobierno, conste de hombres acostumbrados al trabajo, y que si sus costumbres no tuviesen analogia con las de los habitantes del país, fuera bueno que al menos tuviesen disposicion á adoptarlas, que viniesen de un clima, que si no fuese idéntico al de Cuba, se asemejase lo bastante, para que no tuviesen que padecer mucho con su influjo; que fuesen inteligentes y ambiciosos; que tuviesen amor propio y que fuesen bastante fuertes; y por fin, que el país que han dejado les sea menos grato, para que comprendan que el que van adoptar les brinda con la esperanza de hacer fortuna.

Las razas que pudiéramos elegir á propósito para los trabajos de campo en Cuba, son: el europeo, el indio, el chino y el africano. De estos, ninguno ciertamente puede compararse en bondad al europeo, si hemos de juzgarle por los trabajos que ejecuta en Europa, en cuanto á agricultura; porque el europeo trabaja desde el amanecer hasta la noche; y aun una vez en su casa, se vé en la dura necesidad de ocuparse hasta deshoras de la noche. Durante el dia, ocupa dos horas escasas en su almuerzo y comida; y en ciertos lugares el labrador almuerza á las cuatro de la madrugada, é inmediatamente despues va á ejercitarse en sus labores, llevándose un pan y un poco de vino para alimentarse en el peso del dia; viniendo á cenar á su hogar entre seis y siete de la noche. Este es comunmente el órden seguido en el trabajo en los paises templados. A primera vista parece que estos hombres podrian mejorar de situacion y asegurar un porvenir dichoso, viniendo á establecerse en las

Antillas, donde el trabajo les seria bien retribuido; pero lejos de ser así, el cambio les acarrearia su desgracia, porque el clima es demasiado ardiente y enervante, y porque no pudiendo ejercitarse muchas horas de seguida, el patrono no podria pagarles igual salario que al que trabaja sin mas descanso que el necesario para sus comidas diarias, mientras que ellos tendrian que huir del sol desde las once de la mañana hasta las cuatro de la tarde, ó cuando menos hasta las tres; y porque la manutencion y vestuario necesarios para el europeo, siendo muy costosos, demandarian un gasto que no corresponderia al producto de sus tareas.

Al europeo cuando llega á las Antillas, le sorprende que le digan que evite la fuerza del sol, porque él se halla muy bien cuando pasea al medio dia; y se rie de la poca actividad que se observa en el criollo ó en el europeo aclimatado. Si se le dice que tome un carruaje para ir á un punto distante como de un kilómetro, por ejemplo, contesta que no lo haria aunque fuera doble la distancia. El criollo, en el primer invierno que pasa en Europa, apenas siente frio; pero en el segundo, no se aparta del lado del fuego, si no va á un pais meridional, donde el frio le es mucho menos sensible.

El europeo á su llegada á Cuba, se halla dispuesto para todo, porque todo es poco para él; pero luego viene la enervacion, haya ó no sufrido la fiebre amarilla. El sistema nervioso viene á tomar la supremacía, el sanguíneo se resiente de la falta de equilibrio; los copiosos sudores roban á la sangre una gran parte de la serosidad; de modo que la circulacion se hace mas lenta por efecto de la densidad que adquiere la sangre; y la hematosis imperfecta no excita ya suficientemente el sistema nervioso; de donde resulta que este sistema, á su vez no tiene las propiedades requeridas para presidir las funciones animales de la economía: se establece pues un círculo vicioso tal, que la mas mínima causa ocasional, produce una perturbacion, que abate las fuerzas ó determina una enfermedad, despues de la cual procederá la aclimatacion; pero el individuo no conservará las fuerzas ni la actividad anteriores, y caerá en aquel estado de indolencia que á su llegada habia criticado.

De creer es, que todo aquel que haya residido algun tiempo en América, aceptará el relato que acabamos de hacer; y de consiguiente convendrá con nosotros, en que el europeo no puede ser agricultor en Cuba; y nótese que no hemos hablado del número de víctimas, entre los que vienen á quedar aclimatados. Decimos que el europeo no puede ser trabajador de provecho para las Antillas, si á mas de perder sus fuerzas y su agilidad ha de perder cinco ó seis horas del trabajo diario no solamente en su almuerzo, sino tambien por efecto del excesivo calor.

El europeo no puede vivir sin carne fresca, y en gran cantidad, pan y vino; mientras que el indio, el chino y el negro viven de arroz, plátanos y otras viandas del país, carne salada, tasajo y bacalao y beben agua, aunque á veces un poco de rom.

No puede aceptarse como prueba contraria á la opinion que emitimos, que algun europeo pueda trabajar durante el peso del sol por mas tiempo del que indicamos; podrá haber excepciones, pero por regla general sucede lo contrario. Las insolaciones son muy frecuentes en Europa y tambien en la América del Norte: en Cuba, el negro, el indio y el chino, soportan sin inconveniente la exposicion al sol mas ardiente en todas las estaciones. Creemos que esta sola reflexion debiera bastar para desterrar la idea de inmigracion de trabajadores blancos. Las ideas religiosas, arraigadas ya en ellos, podrian ser tambien un obstáculo que no se encuentra en las otras tres razas indicadas, porque están todos sus individuos muy dispuestos á abrazar el catolicismo, como lo estamos viendo en el número de los que cada dia se bautizan.

Si se pensára en trabajadores peninsulares, haríamos observar que la emigracion irá disminuyendo cada dia, en razon de la facilidad de las vias de comunicacion y de los transportes, que irá dando cada vez mayor impulso á la agricultura en parages donde las tierras son muy ricas, y que no habian sido trabajadas con motivo de la dificultad del trasporte de frutos, tan costoso. Y no hay que dudarlo, este cambio vendrá á dar por resultado, que la Península será para los proletarios otra América, con la gran ventaja de no verse expuestos á los efectos mortíferos del clima de las Antillas. La emigracion, hoy muy numerosa en las Castillas, la Mancha, Astúrias, Galicia, etc., irá acabando gradualmente, porque esos brazos serán muy necesarios para la agricultura, las manufacturas, la milicia y demas atenciones del país.

El Sr. Vazquez Queipo, como ya hemos dicho, fija en ocho horas el tiempo que el blanco puede trabajar en Cuba: dice, como nosotros, que las necesidades del blanco son demasiado costosas para que su trabajo reditúe: cita á D. Miguel Estorch, quien hizo venir doscientos catalanes, de los cuales empleó noventa en su ingenio; y á pesar de ser buenos trabajadores, y de haber hecho su zafra con ellos, sabemos por el mismo Sr. Estorch que cada pan de azúcar le habia tenido sobre diez y siete duros de costo. Repetimos, pues, decididamente que no hay que pensar en colonos blancos para trabajadores en la isla de Cuba.

El africano es ciertamente el trabajador por excelencia para los paises intertropicales; pero falta para ello que quiera trabajar voluntariamente: está probado hasta no mas, que el negro solo trabaja cuando se le apremia de cualquier modo que sea; esto consiste, como ya hemos dicho en otro lugar, en que es raza sin ambicion, porque se crea pocas necesidades; y como es sóbria, vive con poco. Pero no se entienda por esto que si tuviera grandes posibles, continuaria ciñéndose á esa sobriedad; de donde se infiere, que si se impone privaciones, es por no verse obligado á trabajar para salvarse de ellas. Creemos, pues, que el negro seria el peor de los colonos, si habia de suplir al trabajador esclavo.

El indio, raza dotada de bastante buen carácter y fácil de aclimatarse en Cuba, es desgraciadamente muy holgazan, y nada ambicioso; no conoce mas necesidades que el alimento indispensable, que consiste en arroz y pimiento; es muy propenso á darse á la bebida alcohólica; si se le dejase entregado á su propia voluntad, no trabajaria mas que el tiempo indispensable para procurarse un poco de arroz, confiado en que Dios daria para mañana. Esto explica suficientemente que no comprende la utilidad de reservar ó de economizar; y si le dejan, trabajará sentado mas bien que en pié.

Sabido es tambien que esa raza está bajo el dominio de Inglaterra; hemos referido que la Francia habia obtenido á duras penas una concesion para contratar seis mil: si esto hizo con una nacion que la ha imitado en cuanto á la emancipacion de la esclavitud. ¿Qué no haria para impedir que España obtuviera colonos indios, y sobre todo en cantidad suficiente para sus colonias? No hay que pensar pues en la inmigracion de colonos indios.

El chino, raza muy inteligente, es á la vez muy ambiciosa; estas dos cualidades la hacen mas apta que otra cualquiera para la colonizacion. Ofrece además la ventaja de ser de un país casi igual en latitud, sobre todo los que se importan para Cuba. Por tanto, se aclimatan con bastante facilidad, á lo menos cuando se los tiene moderadamente ocupados algunas horas del dia. Los que se quedan en las poblaciones suelen padecer algunas fiebres de aclimatacion; pero segun nuestros cálculos, no exceden de seis por mil los acometidos de fiebre amarilla, entre los que residen donde ese mal reina epidémicamente.

No negaremos que á las buenas dotes naturales, reune el chino algunos defectos, dimanados de su mala educacion, de la miseria y costumbres de su país, todo lo cual seria fácil de corregir; pero desgraciadamente los encargados en Cuba de dirigirlos en sus tareas, no son nada á propósito para mision de suyo tan delicada.

El chino, mientras no se habitúa á las costumbres de paises guerreros y animosos, es cobarde; por tanto, cuando venga sus agravios, es á traicion. Mientras no se inicia en los misterios de la religion Católica es vengativo; no sabe perdonar á su ofensor. Es indudable que el chino no considera como ofensa el castigo de sus delitos y faltas á su deber; pero con harto dolor hemos visto que no todos los castigos impuestos á los asiáticos en Cuba, han sido justificados; y es que se han interpretado mal las obligaciones contraidas para con sus patronos; y de aquí han procedido los alzamientos hostiles contra sus torpes directores, que han pagado con la vida sus imprudentes y crueles manejos. No se crea por esto que nuestro ánimo es santificar la mala conducta é inclinaciones depravadas de algunos asiáticos; pero sí conocemos que esa raza no merece el mal juicio que de ella se tiene formado en Cuba, en donde, para algunos, un chino es un ser abominable.

El juego es uno de sus mayores vicios; y á

fuer de buenos jugadores, consideran sagradas las deudas contraidas en el juego. El vicio de fumar ópio es tambien nocivo en los chinos, y supera con mucho á la embriaguez por medio de las bebidas alcohólicas; porque la vida del fumador de ópio es mucho mas breve, y la profunda debilidad que le produce es tal, que mucho antes de fallecer, habrá quedado inútil para todo trabajo.

Hacemos mencion de estos vicios en el chino, no porque los haga incapaces de prestar grandes servicios, sino para señalarlos á la policía, é instruirla de los medios con que puede prevenir muchos males.

Los colonos cumplidos, que vienen de los campos á las poblaciones con el fin de especular con los recien llegados, cuando están empleados en el servicio doméstico, empiezan por aconsejarles que exijan de sus patronos permiso para salir de paseo los domingos y dias festivos, y les prometen venir á la hora en que puedan salir, para llevarlos á ver á sus paisanos, con quienes se recrearán grandemente jugando, fumando ópio y divirtiéndose al uso de su país. Si un neófito al frecuentar esas orgías tenia algun dinero, al regresar á casa de su patrono, es bien seguro que será sin blanca; pero en cambio se habrá divertido, porque su *oficioso cicerone* le habrá halagado la fantasía con la esperanza de nuevos goces y de ganancias prodigiosas en el juego, al siguiente domingo, prometiéndole que jugará á crédito. El incauto cuenta los instantes que faltan para llegar al dia deseado. Durante la semana desempeña mal sus obligaciones; el patrono le reconviene por ello; pero él se excusa, haciendo ver que no comprende lo que se le dice, ni lo que le se manda hacer; y como el que lo ha tomado por su cuenta, ronda frecuentemente la casa para no perder de vista la víctima, el patrono toma conocimiento con semejante tuno, sin comprender el daño que se acarrea; y aprovechando la ocasion, le toma de intérprete para que instruya á su colono de cuanto debe desempeñar en la casa, y para que le aconseje la puntualidad y esmero en sus obligaciones; haciéndole comprender que así como él le trata bien y le cumple religiosamente lo ofrecido en su contrata, es justo que sea correspondido. El intruso y malvado intérprete manifiesta ser muy razonables las exigencias del patrono, y promete inculcar á su paisano las mejores máximas. Pero en vez de ser así, su mayor conato es imbuirle ideas de placer, y catequizarle para que continúe visitándolo en su guarida infernal, como sucede generalmente. Allí el infeliz neófito se convierte en un truhan tan corrompido como su maestro y demas compañeros de garito; y concluye por perder al fiado cuanto debió ganar en los ocho años de su contrata, y acaso mas. En tan crítica situacion, no le queda mas recurso que fugarse de la casa de su amo, protegido por su acreedor, para que en lugar de los cuatro duros de salario que gana al mes, pueda encontrar colocacion ó ganar un jornal de ocho ó diez duros mensuales, con el cual podrá irle pagando mas pronto, y continuar en sus vicios, aunque sea para empeñarse de nuevo. Pero el recurso de la fuga, proporcionada por su acreedor, no es ya bastante: se desespera porque vé que trabaja mas que un esclavo, sin ganar lo suficiente para pagar á sus estafadores, que le asedian de muerte, y si tratase de esquivarlos le maltratarian sin piedad hasta acabar con él: su desesperacion llega al colmo; y recordando que su religion le enseña que hay otro mundo mejor despues de la muerte, pone fin á sus padecimientos suicidándose con el mayor cinismo. El suicidio, tan frecuente en esta raza, es casi siempre dimanado del juego y del uso excesivo del ópio.

El marronage en ellos no siempre dimana de las causas que acabamos de referir. Suelen ocasionarlo sus malas inclinaciones, y el ver que muchos compañeros no vuelven á parecer en la finca de donde se han alzado; porque esto les hace creer que habrán encontrado refugio seguro y cómodo contra las pesquisas de sus patronos.

En su oportunidad indicaremos los medios de atajar ese mal, que tanto perjuicio causa á los patronos, á la colonizacion y á la moral. Ahora continuarémos ocupándonos de la utilidad que proporciona el trabajador chino.

Muchos se figuran que los asiáticos carecen de fuerza física suficiente para los trabajos de campo, principalmente en los de un ingenio; en una palabra, que son mas débiles que los negros; pero esas mismas personas conceden que son muy á propósito para trabajos mecánicos, por su inteligencia y don de imitacion sorprendente, pues les basta ver ejecutar una cosa con detenimiento, para hacerla ellos sobre la marcha. Es un error, pero grande, establecer que el asiático sea menos robusto y fuerte que el africano; pues en una y otra raza hay de todo, débiles y fuertes, ineptos y ágiles; y bien alimentados y cuidados, no sabemos cuál de los dos desempeñaria mejor y mas pronto un trabajo cualquiera; porque dado caso que le faltase al asiático fuerza física, la supliria con su mayor grado de inteligencia reconocida sobre el africano.

Es cierto que el chino, antes de embarcarse, ó mas bien dicho, antes de ejercitarse en el campo y de ser bien alimentado, es de sangre muy pobre, y de musculatura floja; pero ambas cosas van adquiriendo vigor con el trabajo y los buenos alimentos. No debe, pues, rechazarse esa clase de trabajadores, solo porque se haya hecho de ellos una falsa apreciacion: véanse los asiáticos de algunas fincas, examínense sus trabajos, y háganse las comparaciones razonables y calculadas entre ellos y los africanos, y estamos seguros de que variarian de modo de pensar los que, sin datos justificados, atacan sin tregua la emigracion asiática, como la mas inútil y hasta detestable.

Hemos bosquejado sucintamente las buenas cualidades y los defectos del colono asiático: fuera mejor ciertamente que solo tuviese las primeras; pero además de que sería pretender un imposible, vemos la necesidad imperiosa de haber de contentarse con lo menos malo, y de tratar de corregir los defectos de esos hombres, que tan útiles pueden ser, si se emplean los medios que hemos creido deber indicar en bien del país y de la humanidad. Si debe ó no confiarse en los buenos resultados de la colonizacion asiática, ahí están Mauricio, Demerara y Trinidad que nos pueden suministrar datos sumamente favorables, á pesar de verse esos trabajadores protegidos por fanáticos, que conspiran contra sus patronos. Pero no obstante estas desventajas hacen mas azúcar que en tiempo de la esclavitud. Es de esperar que la autoridad cortará los abusos cometidos por ciertos patronos; pero al mismo tiempo no dejará de comprender que existe un complot organizado entre los colonos, con el objeto de perjudicar altamente á sus patronos.

Con indecible rapidez va adelantándose la urgencia de brazos en la isla de Cuba, y es inminente el riesgo que se corre, si cuanto antes no se le facilitan, al agricultor cuando menos. Solamente falta saber escoger con acierto los que podrán ser mas útiles entre las diferentes razas capaces de soportar el clima y llenar las condiciones que el propietario, en virtud de sus especulaciones, reclama para no arruinarse, ó siquiera para sacar una moderada ganancia á los capitales invertidos.

Hemos dicho ya, y lo repetiremos cuantas veces fuere necesario, que el europeo, en quien reconocemos cualidades que tal vez hicieran la felicidad de este pais, no puede soportar con ventaja los recios trabajos de un ingenio ni el clima abrasador de los trópicos, y lo que es mas, ceñirse al jornal y á los alimentos y vestidos únicos que el hacendado de Cuba pudiera darle, si habia de sacar algun producto de sus capitales. En una palabra, el europeo, como jornalero agricultor en Cuba, no solamente no tiene porvenir, sino que pereceria maldiciendo la hora en que abandonó su pais. Tampoco debe pensarse en echar mano, ni como último recurso, de los negros libres, porque vendrian á ser la mayor calamidad para Cuba bajo todos conceptos.

El indio sería mas conveniente. ¿Pero de qué modo podrá sacarse del poder de su amo en la India? Sobre esto hemos hablado ya lo bastante, para que se comprenda que no convendrian mucho esos trabajadores en Cuba.

Véase la cuestion bajo el punto de vista que se quiera, vendremos á convenir en que el asiático es el único tal vez que pueda reemplazar al esclavo africano; y aunque la Inglaterra se opone á que colonicemos con ellos, de esperarse es que acabe por desistir de sus propósitos si las diferentes naciones que necesitan absolutamente de esos brazos, hacen ver á aquel Gobierno que se abroga derechos que por ningun título le corresponden, que se mezcla en lo que no le incumbe, con grave daño de tercero; y que por su proceder causa mucho daño á los mismos asiáticos (1).

---

(1) La China, cuya poblacion pasa de quinientos millones de habitantes, no ofrece á estos la facilidad de precaverse de la miseria; sus producciones no son suficientes para que

No sabemos por qué causa España no ha examinado ya el tratado hecho por su Embaja-

---

el trabajo ofrezca al proletario medios de vivir ni aun con esas comodidades: el chino que no pueda vivir con quince sapecas (*), se morirá de hambre, ó se verá en la necesidad de alimentarse con raices, frutas verdes, etc. Los mandarines, por otra parte, se apoderan de las economías que cualquiera de esos infelices pudiera tener; así es que los mas de ellos no trabajan mas que el tiempo necesario para cubrir sus necesidades; muchos no encuentran en que ocuparse, y se mantienen, como hemos dicho, con frutas, etc.; se cubren con tegidos de palmas, porque no tienen con que comprar ropa, aun de la mas inferior. Creemos poder afirmar que las nueve décimas partes de los chinos, nunca probaron la carne, porque nunca les alcanzó el dinero para comprarla. Despues de esta lamentable reseña; que no tememos sea impugnada victoriosamente, preguntarémos á los que están opuestos á la emigracion asiática, si creen que no es muy humanitario proporcionar á esos infelices los medios de emigrar, proceda de donde quiera el móvil que lo impulse.

Los periódicos ingleses, y no los de ninguna otra nacion, porque temerian pasar por injustos á la faz del mundo, no cesan de decirnos que la prueba palpable de que los colonos asiáticos son tratados como á esclavos, ó que viven bajo esta condicion, es que no vuelven á su país. Esto es falso á todas luces, porque no hay mas que registrar la nómina de los pasaportes expedidos en esta isla á distintos asiáticos, para convencerse de que muchos han regresado á su patria; y esto precisamente ha servido de aliciente para facilitar el enganche de un gran número, animados por la codicia; pues que han visto que sus paisanos habian ganado

---

(*) Mil setecientas sapecas componen un duro.

dor, con el Emperador de la China, y con eso se sabria si estaba aprobado ó no. En el primer caso, el bien para Cuba seria imponderable; porque los importadores de colonos podrian hacer sus embarques en cualquier punto de las costas de China, mientras que ahora se ven obligados á concretarse á Macao, donde tienen que luchar con una competencia ruinosa, toda vez que se ven en la forzosa necesidad de pagar los enganches á precios enormes. Esta es otra de las cosas que el Gobierno debe tener en mucha consideracion, no solamente porque los colonos podrian escogerse adecuados á las necesidades de Cuba, sino tambien

---

en Cuba mucho dinero con sus economías é industrias. Pero lo que nos sorprende es que haya habido asiáticos que hayan querido volver á un país tan miserable, en donde existe un Gobierno tan despótico, y en donde no se protege al hombre industrioso y económico, despues de haber conocido la feraz, rica é ilustrada Cuba, en donde halla su paraiso todo hombre pacífico y laborioso. Esto lo han comprendido perfectamente algunos de los asiáticos, que han vuelto á reengancharse en China, ó que han vuelto en clase de intérpretes, para quedarse, renegando unos y otros de una patria tan ingrata, para venir á acabar aquí sus dias tranquila y prósperamente. Es preciso convenir en que en vez de poner trabas, por razones de interés, á la emigracion asiática, debiera por el contrario protegerse como una de las medidas humanitarias mas loables.

porque, desapareciendo la competencia local, se podrian colocar esos brazos á precios mas bajos que hasta aquí. Hay mas, y es una de las circunstancias esenciales, que entonces se podria lograr la emigracion de mujeres, único medio de hacer la colonizacion perfecta. ¿No habrá quien se encargue de hacer llegar á los piés del Trono estas reflexiones y de influir con el mayor celo para que ese tratado se cumpla en bien de tantos desgraciados, y de esta rica posesion de España?

Consideramos que las disposiciones dictadas por la autoridad respecto á los desórdenes cometidos por los colonos asiáticos, tienen por objeto evitar que se abuse de su triste posicion; pero coadyuvando á esas ideas humanitarias, séanos permitido declarar que los encargados de hacer cumplir esas disposiciones no siempre hacen las cosas de un modo satisfactorio, ni mucho menos. El gran número de colonos que viene á las poblaciones sin documento justificativo de haber cumplido sus contratas, prueban lo bastante que la mayor parte son cimarrones, protegidos no solo por los de su raza, sino tambien por hombres blancos, que por un tanto que les pagan los chinos, se hacen pasar por sus patronos ó padrinos de bautizo.

El Gobierno no debiera pues, conceder domicilio, ni los sacerdotes bautizar á ningun asiático sin el prévio requisito de la presentacion por sus verdaderos patronos, quienes exhibirian como comprobante, el contrato de cesion formado por la empresa, ó el traspaso, en el mismo documento de un patrono á favor de otro.

Los cimarrones capturados son conducidos á las cárceles, ó á los depósitos, de donde salen para hacerlos trabajar en obras públicas; y como quiera que esos colonos ocultan los nombres de sus patronos por malicia ó porque no lo saben, permanecen así indefinidamente perdidos para sus patronos. Está mandado que pasados seis meses de permanencia en la cabeza de partido, sean remitidos al depósito general de la Habana; pero esto no se cumple, no sabemos los motivos, cuando es indudable que por este medio, se facilitaria mucho el rescate de esos trabajadores. Es sabido que un colono de Güines, por ejemplo, puede estar preso en Colon, en Cárdenas, en Matanzas ó en la Habana. Ahora bien: ¿será justo que el patrono recorra á la aventura todos esos puntos en busca de su colono? Lo equitativo sería darle seguridades de que al cumplimiento de esos seis meses podria dirigirse al Depósito General de la Habana, para cerciorarse de su captura. No podremos figurarnos que el motivo de no dar exacto cumplimiento á la disposicion superior tenga por objeto el aprovecharse del trabajo de un hombre que solo tiene de gastos la ropa y la comida; solamente vemos la necesidad de llamar la atencion del Gobierno sobre el particular, porque consideramos que el alzamiento y ausencia del colono por un tiempo indefinido, incita, de un modo halagüeño á los demás á hacer lo mismo, con grave daño de los hacendados y demás patronos.

Fuera pues de suma importancia averiguar si cada colono que viene á las poblaciones es cumplido; y si lo fuere, que lo acreditase con documento fehaciente; porque no puede serlo el que no tenga la contrata firmada por el que haya sido su patrono (1). El que no esté pro-

---

(1) Habiendo sido consultadas las empresas de colonizacion asiática acerca de las contratas que acompañaba la solicitud de colonos, que pedian al Gobierno domicilio, se tuvo el convencimiento de que el mayor número no estaban cum-

visto de documento, podrá llevar mas de ocho años en la Habana, pero no por eso estará cumplido; y en ese caso debiera destinársele á obras del Gobierno por los ocho años que debió servir á su patrono.

El colono provisto del documento que su patrono debió darle para hacer constar el cumplimiento de su contrata, puede tambien ser perjudicial en una poblacion; porque lo mas factible es que se consagre á seducir y engañar á los recien llegados, para vivir á sus expensas, sin trabajar en nada útil á la sociedad; y es bien seguro que el comercio clandestino del ópio en las fincas donde haya asiáticos, será una de sus principales miras.

El comercio del ópio, sustancia que se sabe produce un envenenamiento lento y conti-

---

plidos, y que aquellas contratas eran las que ellos tenian desde la época de su enganche, y no la que el patrono recibe de una empresa al tiempo de la cesion del colono: ésta se conoce en que está legalizada por el cónsul español, y la otra no. Algunos habian presentado contratas verdaderas, pero no estaban cumplidos, y la nota de finiquito que tenian, no era del legítimo patrono; pues no constaba que se hubiesen hecho los traspasos necesarios. Hacemos estas advertencias, para que teniéndolas el Gobierno en consideracion, redunden en beneficio del hacendado y contribuya á la moralizacion de los colonos.

nuo, está mucho mas generalizado y en mayor escala de lo que comunmente se cree: hay quien lo importe de los Estados Unidos en grandes partidas, que haciéndolas pasar de contrabando, son vendidas al por menor á los chinos dedicados á esa reprobada y abominable especulacion. Ellos á su vez lo detallan ó lo dan á fumar en sus casas á los paisanos, que se reunen en gran número los dias festivos á jugar y á otros excesos. Este comercio á todas luces criminal, debiera ser perseguido sin tregua, y castigado con las penas mas severas, como que amaga la vida de todos, ó al menos de muchos de los trabajadores, que tantos sacrificios han costado á los habitantes de Cuba; y si nos esforzamos en pedir que se persiga tan repugnante comercio, es porque vemos que es mirado con la mayor indiferencia, siendo tan grave el mal que ocasiona y el uso frecuente que se viene haciendo de este veneno desde que se estableció en Cuba la colonizacion asiática; y hoy puede decirse que el ópio se halla en manos de todo el que lo quiera comprar..... Esto no necesita comentarios.

Se hace, pues, indispensable averiguar de qué viven cuantos colonos se encuentran en las poblaciones, si tienen una industria, y si verdaderamente la ejercen. Cuanto mayor sea la vigilancia de las autoridades subalternas, mayor será el servicio que prestarán al país, contribuyendo á que la colonizacion exista de hecho, y no en el nombre, y si se quiere que la produccion se mantenga con un porvenir lisonjero.

§ II.

Medidas que deberian adoptarse en el enganche y transporte de los colonos.

Convencidos como lo estamos de que los colonos asiáticos han de venir á ser los únicos trabajadores aceptables para la isla de Cuba, como creemos haberlo probado, preciso será ver por qué medios se conseguirá abaratar sus contratas, á fin de poderlos colocar á precios convenientes para todos cuantos los necesiten; dando á conocer al mismo tiempo cuales serán mas adecuados para el sistema de trabajo agrícola establecido, y de otros usuales en el país; aunque sobre estos particulares ya hemos dicho algo, con todo, nos parece bien aclararlo mas en este lugar, bajo el órden siguiente:

1.º El Gobierno debe mandar á sus cónsules que protejan las empresas de colonizacion asiática que hacen embarques para la isla de Cuba, siempre que lo verifiquen conforme á los reglamentos que rijan en el punto del embarque.

2.° Hacer, como hemos dicho ya, que el tratado propuesto por el Embajador de España, y aceptado por el Imperio Celeste, sea aprobado por el Gobierno Superior, á fin de que los súbditos de S. M. C. que hagan embarques, puedan verificarlo en cualquier puerto de la China, sin verse obligados á limitarlos á Macao, donde concurren las empresas de Cuba, del Perú, de Otaiti y de otros puntos; evitándose con esto tener que pagar precios crecidísimos por los colonos, para poder escogerlos jóvenes y robustos, y á la vez contratar mujeres, como lo indica el tratado; y todo esto sin que el Gobierno de Hong-Kong tenga la facilidad de influir, como lo hace, con el virey de Canton y con el Gobernador de Macao, por medio de la prensa periódica, que no cesa de insultar á los empresarios que embarcan para Cuba y el Perú, mientras que los mismos ingleses los verifican en Canton, públicamente para Demerara, Trinidad y otras colonias inglesas.

3.° El Gobierno debe convencerse de que las empresas no pueden obtener beneficios, sino sientan como base que los colonos embarcados conserven su salud en el viaje, toda vez que los siniestros por mortalidad ó ceguera recaen exclusivamente sobre la empresa, el consignatario, el buque y el capitan; y que los que llegan enfermos de alguna gravedad acarrean á los empresarios mayores quebrantos que si hubiesen fallecido en la travesía. Así que, en lugar de castigar al que tan expuesto se vé á grandes pérdidas, debería instruírsele detallada y minuciosamente de los medios higiénicos que debe emplear, á fin de precaver ó salvar todo resultado funesto.

4.º Si grandes son los perjuicios que el comercio recibe de la aplicacion de las medidas cuarentenarias deteniéndole las mercancías, mayores son los que refluyen sobre los pasajeros, á quienes despues de un penoso viaje, como son todos los de mar, los alimenta y consuela la esperanza de llegar á tierra y verse en el seno de sus familias, ó á lo menos de poder respirar un aire mas puro que el de á bordo, viciado por la gran acumulacion de individuos en un espacio relativamente limitado. Pero esto no es comparable á lo que moral y físicamente sufren los pobres colonos, quienes despues de ciento y tantos dias de navegacion, de hallarse muchos de ellos afectados de escorbuto, y de haber permanecido en una localidad estrecha, sufren el tormento de Tántalo, al verse en la tierra para ellos tan ansiada, sin que se les permita pisarla. Esto es verdaderamente desgarrador y cruel, máxime cuando tal vez de esta privacion dimanan efectos perniciosos para su salud; pues es cosa sabida que el mejor remedio para curarlos de algunas afecciones contraidas á bordo, es el alejamiento de las playas. Sin embargo de todo lo expuesto, creemos que las cuarentenas deben llevarse á cabo, sin pararse en consideraciones de ninguna especie, siempre que con tan severas medidas se pueda precaver la importacion de *afectos contagiosos*; porque es preferible y mas natural que sigan su triste suerte los que ya están bajo el influjo del mal, á que vengan á traer el gérmen de las epidemias, que pudieran asolar un país.

Pero si bien es verdad que tan prudentes medidas ocasionan á veces un gran bien, es un deber de humanidad limitar su aplicacion á los casos puramente contagiosos. En su oportunidad diremos lo que nos mueve á explicarnos de este modo.

Hace algunos años, el agente de una de las empresas de la colonizacion asiática de la Habana, se vió despojado de un cargamento de mas de seiscientos colonos, que habia embarcado legalmente, parte en Macao y parte en Whampoa: el cónsul inglés de Canton, incitó al virey de la provincia para que hiciera venir á Canton el buque, que ya estaba en Macao, y consiguió que se dijera que aquellos colonos habian sido robados! El virey mandó que los colonos fuesen desembarcados, y se les hizo decir que iban forzados. Esto fué tan bien urdido, que no se permitió al empresario reembarcarlos, ocasionando una pérdida de sesenta mil duros. Aquellos mismos colonos fueron exportados en buques de otras empresas! El agente de la empresa, peruano de nacimiento, acudió á nombre de la empresa de la Habana al cónsul español en Macao, para que protegiera los intereses españoles que él representaba; pero aquel señor solo dijo que él no le conocia por súbdito español, y que por consiguiente nada tenia que hacer sobre aquel particular. Sin embargo, este cónsul no podia ignorar que los intereses eran españoles, puesto que aquella misma casa despachaba solo para la Habana, y siempre para la misma empresa.

Al referir lo que precede no es nuestro ánimo hacer acusaciones de ninguna especie; pero sí indicar que el Gobierno de España, en sus instrucciones á los cónsules, debe mencionar la necesidad que tienen de cooperar con el mayor celo, á fin de facilitar los embarques de colonos, y de evitar pérdidas y grandes desembolsos, que siempre vendrán á redundar en perjuicio de las empresas y de los que necesitan esos trabajadores.

Jamás será buena, ó al menos completa, ninguna colonizacion que carezca de mujeres; y mientras los embarques se limiten al puerto de Macao, no se conseguirá exportarlas; como tampoco en Canton, donde los ingleses son omnímodos, y en donde ellos embarcan hasta familias enteras para Demerara y Trinidad. Allí no se permite que los corredores vayan al interior en busca de colonos; porque los ingleses tienen sus misioneros, que desempeñan ese oficio en obsequio de sus paisanos exclusivamente. Los agentes ingleses contratan los colonos por individuos y por familias, por cinco años, obligándose á volverlos á su país concluida la contrata. No comprendemos que sea muy humanitario arrancar una familia de su hogar por cinco años, para tener que regresar á él sin dinero á penas, despues de haber dejado sus relaciones, tal vez sus industrias, y de haber ocasionado á los ancianos y á los jóvenes dos tan largos y penosos viajes por mar en solo cinco años.

Tocante al enganche por cinco años, no encontramos que sea mejor que el de ocho: el principio es el mismo. Así que, si el de ocho es malo, como lo pretenden los ingleses, lo será tambien el de cinco; la diferencia estará en que Inglaterra quiere proteger algo menos sus colonias que España.

La contrata inglesa es toda á favor del colono; éste, si no está satisfecho de su patrono, puede dejarlo á los tres dias de hallarse con él; de modo que un colono está en actitud de cambiar de patrono dos veces en una semana; y como quiera que los asiáticos, para que no cometan abusos, necesitan de firmeza de caracter por parte de sus patronos, debemos convenir en que la proteccion de los ingleses para sus colonias es bastante efímera. Pero no obstante estas desventajosas tendencias, aquellos paises producen bastante, y producirian mucho mas con otro régimen de policía, como por ejemplo de no dar entera fé al dicho de los chinos, siempre muy dispuestos á abusar y á acriminar á sus patronos.

Luego que el tratado esté aprobado, los españoles podrán menospreciar esa incesante guerra de mala ley del Gobierno de Hong-Kong, con el marcado fin de que no puedan surtirse de brazos las colonias que no ha podido destruir la Inglaterra. Entonces y solo entonces se modificará la defectuosa colonizacion asiática en Cuba, ceñida á solo hombres, tan repugnante é inhumana, cuanto que los asiáticos tienen una verdadera antipatía á la raza africana, y la blanca á la asiática. Nuestros enemigos naturales están persuadidos de esta verdad, y debemos esperar que jamás dejen de cooperar para mantener la colonizacion bajo las peores condiciones, con la mira de ver si se desiste de continuarla. Debe, pues, rogarse al Gobierno de S. M. haga porque el tratado Hispano-Chino sobre colonizacion asiática, sea una realidad, y no quimérico, como ha sucedido hasta ahora respecto á algunos particulares muy importantes.

En cuanto al embarque de mujeres, todo consistirá entonces en comprar las que son esclavas y darlas la libertad, procediendo luego á su contratacion en presencia del mandarin de la provincia, en caso de ser reducido el número de las que se presenten espontáneamente, como sucederá si con anticipacion no se hace circular entre ellas la noticia de que en Cuba hallarán proteccion, y de que harán fortuna con mayores probabilidades que en su país natal, como ha sucedido con algunas, que á duras penas han sido embarcadas.

Esperamos que estas pocas líneas bastarán para demostrar el bien inmenso que reportará España de la mayor actividad en la aprobacion del tratado.

Nunca habiamos podido comprender, que fuese posible que las empresas de colonizacion se mostrasen indiferentes á la mayor ó menor mortalidad de colonos embarcados, máxime cuando los reglamentos señalan castigos pecuniarios de gran consideracion á los consignatarios de los buques que hayan perdido mas de seis por ciento en su viaje (1).

Pero estamos en el caso de creer que existe esa indiferencia, segun el espíritu del reglamento: á pesar que la pérdida de cada colono

---

(1) Permítasenos hacer una observacion, que nos parece de suma importancia, respecto á las penas impuestas á los consignatarios con motivo de la mortalidad de colonos durante su viaje á Cuba.

Teníamos creido, y como nosotros los consignatarios de colonos, que moralmente no existian para ellos esas penas impuestas en el reglamento sobre colonizacion asiática, sino que refluirian directamente sobre el capitan del buque, como que es el único en quien pueda consistir la mortalidad de colonos á bordo, cuando sea por el mal trato que pueda dárseles, ya por negarles el agua ú otros alimentos, ó bien por falta de una asistencia esmerada en sus enfermedades, y de las reglas de higiene indispensables en toda navegacion larga, entre tantos individuos reunidos en un local reducido. Pero la experiencia nos ha hecho ver que esas penas han venido recayendo exclusivamente sobre los consignatarios, toda vez que desembarcados los colonos, y despues de haberse marchado el buque y el capitan donde mas les haya convenido, sin saber el consignatario hácia que lugar; pasados algunos meses, se les ha cobrado la multa impuesta, sin tener siquiera contra quien reclamar el desembolso hecho con tal motivo. Esto, ó no lo comprendemos ó nos parece injusto á todas luces; porque ¿con qué derecho legítimo se exige el importe de la multa á un consignatario que no estaba á bordo, ni en nada ha podido contribuir á la mortalidad de colonos durante la navegacion? ¡Es posible que haya reglamento ó disposicion tan poco equitativa, tan poco sea de no corta importancia para la empresa, pues no debe calcularse en menos de cien duros en cada uno de los que fallecen ó ciegan durante la travesía. Pero no es esta sola pérdida la que se sufre; pues cuando hay mortalidad,

---

razonable que aplique penas á quien no comete delitos!

Lo que entendemos, pues, es que el consignatario está obligado á hacer tales ó cuales desembolsos por el buque, y solo por él, para cobrarlos luego del flete ó demas fondos que haya recibido, entregando el saldo al capitan ó á otra persona comisionada ó competentemente autorizada, en el momento de despachar el bagel, ó bien al traspasar la consignacion á otra casa que lo hubiese fletado para su salida; pero nunca el consignatorio podrá ser obligado á hacer desembolsos por las multas que se impusieren por causa de la mortalidad de los colonos, cuya responsabilidad debe ser exclusiva del capitan, con quien, en nuestro concepto, debiera entenderse el Gobierno, deteniéndolo á él y al buque en el puerto, hasta que el primero sufra la pena impuesta, ya fuese pecuniaria, ya corporal; dejando de este modo exento de toda pena ó desembolso al consignatario, que no tiene otras responsabilidades que las puramente designadas en el Código mercantil sobre consignaciones.

Una fragata americana llegó á Manila, hace pocos años, con colonos asiáticos: el capitan habia fallecido en la navegacion; el segundo quiso que toda la tripulacion le acompañase al entierro, y dejó solos los colonos, pero en la bodega, cerradas las escotillas; ¡la mitad pereció asfixiada! ¿Fueron el consignatario ni el naviero castigados por ese delito? No: el segundo, que hacia de capitan, y que habia mandado cerrar las escotillas, fué condenado á diez años de presidio. Esto era lo justo, esto fué lo que se ejecutó.

es á consecuencia de graves y numerosas enfermedades, y al llegar los enfermos á los depósitos, ocasionan crecidos gastos y trastornos, viniendo á morir muchos de ellos en los depósitos, despues de haber costeado su pasage y de haberles atendido con la humanidad y el esmero que dicta el interés; en fin, hay que pagar su entierro, etc. Si el cargamento llegase en estado satisfactorio, las empresas ganarian, al paso que las pérdidas son grandes segun sea el número de los muertos, de los ciegos y de los enfermos.

Vamos ahora á demostrar que nada se omite por las empresas para la conservacion de la salud y de la vida de los colonos embarcados. Algunos pormenores de la contrata de fletamento, probarán mas que nada, de cuantos auspicios se vé rodeada la vida del colono, con objeto de su conservacion.

El buque es medido por el capitan del puerto de Macao, donde los reglamentos para embarque de colonos son muy estrictos. Aquel autoriza al capitan para que tome en su buque un colono por cada dos toneladas de medida. El cónsul español, consultado por el agente que ha de operar el embarque, autoriza tambien el embarque de un colono por cada dos toneladas de aquella medida, y en verdad que es una buena proporcion, como podríamos probarlo con numerosos hechos; pero nos dispensa de ello ver que S. M. concede á los buques que hacen los viages al Pacífico, el embarque de un pasagero por una y media tonelada de medida del buque; y es de observarse que estos siempre llevan carga, mientras que los que vienen con chinos, solo traen víveres para ellos.

El entrepuente se prepara de modo que los colonos tengan en él sus entarimados, construidos de tal suerte, que la circulacion del aire sea perfecta, respecto á las leyes de higiene; así que, para proveer aquella parte de aire respirable, se establecen mangueras en las escotillas, y se abren boquerones en varias partes de la cubierta, cuando el buque no tiene portas de luz, y en ellos se sitúan mangueras metálicas y giratorias.

El buque tiene un local destinado á la enfermería, de un tamaño relativo al número de pasageros; esta está sobre cubierta, y por tanto lejos del alojamiento de los sanos.

La leña, la sal y la comida son de cargo

del buque, como asimismo el agua, que debe ser en cantidad suficiente para cinco meses, á razon de un galon por dia por cada colono. La autoridad cuida de que esto se cumpla en todas sus partes.

El buque está provisto de un intérprete, de un médico ó dos, si el número de los colonos es considerable, y de las medicinas necesarias, de excelente calidad.

Los víveres y vestuario son de cargo de la empresa; el capitan y el médico, reconocen los primeros, para rechazarlos si la calidad no fuere buena; y deben cerciorarse de que la cantidad sea suficiente. Tambien los colonos son reconocidos antes de su embarque, á fin de imponerse de su estado de salubridad.

El buque cobra el flete de los colonos que entrega vivos, pero no ciegos. El capitan, á quien se dá una gratificacion de cinco pesos por cada colono, para él, sus oficiales y tripulacion, la obtiene solo por los que entrega vivos y no ciegos.

Ahora bien: si el capitan sabe que no cobra flete ni gratificacion por los fallecidos, ni por los ciegos, es de suponerse que hará lo posible para conservar los colonos en el mejor estado de salud, y de que el viage sea bueno, á fin de obtener mayor gratificacion y mas flete para el buque de su mando. Los oficiales y marineros están asimismo interesados en cuidar del buque y de los colonos, por la utilidad que de ello les resulta.

Hay una desgracia que lamentar y es, que algunos capitanes, engañados por los anfioneros, con la mira de que les compren ópio, les hacen creer que esta droga es indispensable para la conservacion de la vida de los chinos. Con este engaño é inhumano aviso, los capitanes inexpertos hacen su acopio de aquel veneno, y se lo dan á los colonos durante la travesía, aun á los que nunca lo habian probado. Con tan nocivo método contribuyen inocentemente á la mortalidad de muchos colonos. Hablarémos luego acerca de la mortalidad en el viage.

Está visto, pues, que si las empresas no quieren que el buque sea el encargado de surtir de víveres, y si dan al capitan el derecho de examinarlos, es porque no quieren que la codicia pudiera hacer que el capitan se proveyera de alimentos de mala calidad y en cantidad insuficiente, si él tuviera que suministrarlos, y que la nutricion de los colonos se resintiera por efecto de la especulacion; que además esta facultad otorgada al capitan, tiende á que éste conserve sus pasageros, para dar lugar á cobrar mas fletes, y para que él obtuviese sus gratificaciones. Se vé, pues, de un modo patente que todos sin excepcion están interesados en cuidar y conservar á los colonos en el mejor estado de salud; y es indudable que si se conociese algun medio mas satisfactorio de poder llenar el objeto, seria puesto en práctica á toda costa.

Se ha creido que el embarque de médico europeo, sería preferible al de los médicos chinos. Sobre este particular se han hecho cargos á las empresas, porque no han embarcado médicos europeos, y aun se ha añadido, que estos deberán *estar á la altura del progreso de la ciencia médica!* El facultativo que ha indicado esta medida, no ha reflexionado que los médicos de la categoría que exige, escasean mucho por desgracia; y en caso de que abundasen, es bien seguro que no se prestarian á embarcarse para China, sobre todo, como médicos de colonos asiáticos, y por el estipendio que cualquiera de esas empresas pudiera darles, máxime si tuviesen que renunciar á una clientela numerosa ó á un empleo lucrativo y honroso. De suerte, que habrá que desechar por cosa dificil de conseguir, una proposicion que sería de lo mas conveniente para las empresas, caso de ser fácil allanar las dificultades que ofrece. Pero afortunadamente el reglamento de colonizacion no habla de médicos de tan alta categoría. El mismo facultativo iniciador del pensamiento, dice que los médicos chinos no son tales médicos, porque en China no hay escuelas de medicina (1), etc. No diremos cómo se forman los médicos en China; pero si sabemos que la poblacion de aquel imperio va siempre en aumento; y está fuera de duda, que los úni-

---

(1) La inoculacion de la viruela es conocida en China desde el año de 1014. Un médico de la provincia de Tz-Chouen, llamado So-mei-Chan, fué el inventor. La inoculacion se hace introduciendo en las narices un poco de algodon mojado en el virus; ó bien poniendo á un niño la ropa que un virolento habia tenido puesta durante su enfermedad. Tambien sabemos que la inoculacion se practica causando una pequeña laceracion en la membrana pituitaria, y haciendo sorber cierta cantidad de polvos de una costra que se ha pulverizado.

El ilustrado profesor á que aludimos verá en esto que el progreso en China puede ser anterior al de Europa; esto lo decimos para disipar sus escrúpulos.

cos que curan allí los enfermos, son los médicos chinos; á menos que se nos quiera objetar lo de *que en las poblaciones donde no hay abogados, no hay pleitos;* en cuyo caso diremos que como no hay médicos en China, mucho menos *á la altura del progreso de la ciencia,* se nota menos mortalidad, y se aumenta extraordinariamente la poblacion. Pero séase lo que se fuere, no sabemos á qué atribuir el que los buques provistos de médicos europeos, en un gran número de expediciones, hayan ofrecido, término medio, un diez y siete por ciento de defunciones; al paso que los que han sido dotados con médicos chinos, solo han tenido siniestros por un seis por ciento, relativamente hablando. Si el facultativo á que hacemos alusion hubiera querido saber estos resultados, le hubiera sido facilísimo obtenerlos en el archivo de la Sanidad del puerto. Y para probarle de una vez su error en este punto, le diremos: 1.°, que el intérprete pregunta mas ó menos bien al enfermo lo que ha de traducir al médico europeo; 2.°, que éste muchas veces no comprende bien al intérprete, que habla mas ó menos correctamente el portugués ó el inglés; 3.°, que los chinos tienen mas fé en sus médicos, que les hablan en su nativo idioma, y los aplican las medicinas que ya tienen muy experimentadas. Pudiéramos extendernos mucho mas sobre este particular, para probar que el médico chino es preferible al europeo para estas operaciones; pero solamente añadiremos que, á excepcion de un buque en que el ópio fué causa de la mucha mortalidad, los tres dotados con médicos europeos, fueron los que perdieron el mayor número de colonos, entre los llegados á este puerto en el año de 1865.

Algo hemos dicho acerca de las cuarentenas, como para indicar que las medidas cuarentenarias debian limitarse en su aplicacion á los casos de afectos contagiosos, á fin de prevenir la propagacion de afectos idénticos. Véamos ahora si los afectos que causan la mortalidad en los colonos son ó no de naturaleza contagiosa.

Hubo un tiempo, y esta medida duró varios años, en que la Sanidad del puerto de la Habana mandaba que el buque estuviera en observacion en un punto bastante aislado de la bahía; y enviaba á bordo dos facultativos, que ganaban treinta y cuatro duros cada uno diarios, para que hicieran un examen circunstanciado de los colonos sanos y de los enfermos; que inquirieran en lo posible la causa de la mortalidad habida; y que veinticuatro horas despues dieran su informe á la Junta de Sanidad local. Reunida ésta, decretaba la libre plática, ó una observacion de siete dias, en caso de duda, por mínima que esta fuese. Quisiéramos que con la mano sobre su conciencia nos dijese el mencionado facultativo, que por su posicion oficial debe saberlo perfectamente, si le consta que los colonos asiáticos examinados á bordo, hayan sufrido otros padecimientos, mejor dicho, si la causa de su mortalidad provino de otras afecciones mas que de anasarca, de diarreas, de dispepsias, de escorbuto, de disenterias, de lombrices, de efectos del ópio y de optalmías, que al cegar el individuo, le exasperaban hasta el punto de suicidarse por medio de la abstension de todo alimento.

Ahora bien, estos males estaban muy lejos de exigir una rigurosa clausura, de enviar el buque al Mariel, donde faltan los medios necesarios para corregir las enfermedades existentes, y su misma imperfeccion produce ó aumenta la mortandad; pues que carece de la separacion conveniente y demas circunstancias necesarias, y está rodeado del mar, siempre nocivo á los enfermos, de escorbuto sobre todo. Estos (lo decimos sin temor de que las personas inteligentes en medicina é imparciales nos contradigan), deberian ser entregados cuanto antes á la empresa, á fin de que en sus buenas enfermerías, que por su propio interés han instalado, pudieran proporcionar á los pacientes una asistencia inteligente y esmerada, alejando cuanto antes á los escorbúticos, que casi lo son todos, de la vecindad del mar.

Hará unos dos años presentamos al Excelentísimo Sr. Gobernador y Capitan General una Memoria, para que si lo juzgase conveniente, tuviese á bien pasarla á la Real Academia de Ciencias para su discusion; y que en caso de merecer que se tomase en consideracion, S. E. le diera el curso que creyera conducente. Este trabajo se ha traspapelado sin duda, pues aunque lo hemos reclamado, nadie ha podido darnos razon de él, despues que S. E. hubo mandado que se hiciera lo que pediamos. No nos creemos capaces de haber producido ideas dignas de ser aplicables al objeto á que iban consagradas; pero sí nos aventuramos á conjeturar que se habrian creido útiles, y que en vista de ellas, se habrian hecho examinar de nuevo los reglamentos, algo antiguos por cierto, para que estuviesen atendidos los adelantos de la medicina, y para que pudiesen estar unísonos con las exigencias del progreso, como dice el profesor que por su posicion oficial tanto influjo ó poder ejerce en la Junta Superior de Sanidad de la Habana. Extraño es que haya convenido siquiera este señor en que las medidas cuarentenarias deben ser aplicadas solo en casos de absoluta necesidad, pues de lo contrario, afectan las leyes de la humanidad. Deseamos que si lee estas líneas, comprenda la necesidad que tiene de cambiar el modo de ver las cosas respecto á los demás puntos; y toda vez que está á la altura del progreso médico, que no olvide consultar lo que de algunos años á esta parte se ha decretado en las naciones mas civilizadas, con el fin de aminorar el rigor cuarentenario; hoy se trabaja mas en disminuir las causas predisponentes, que en impedir la introduccion de las ocasionales; porque estas pueden muy poco, cuando no existen las primeras. Escribimos estas líneas de la mejor buena fé y desapasionadamente; y si bien no negamos que un reglamento debe aplicarse en el puro sentido de su contenido, en puntos donde no exista la Junta Superior de Sanidad de que emana; creemos sin embargo que siendo ella quien haya de prescribir la conducta que debe observarse en un caso dado, ella tiene la obligacion de modificar el articulo reglamentario, cuando este sea perjudicial bajo todos conceptos, como sucede en las cuarentenas de los colonos asiáticos en el Mariel.

Esperamos que se comprenderá que nuestro fin, al extendernos largamente sobre lo concerniente al enganche, embarque, pasage, desembarco y cuarentenas de colonos, tiende á indicar á los agentes de las empresas, que embarquen gente sana y jóven, á que lo hagan con el menor costo posible, y á que calculen las cosas de manera que el buque no llegue á devengarles sobre-estadías. En fin, todas nuestras observaciones tienen por objeto la humanidad, indicando á la vez á las empresas los medios mas seguros de importar colonos sin obstáculos, y para poderlos colocar á precios convenientes; en cuyo caso los hacendados podrán proveerse de brazos que sustituyan ventajosamente á los que hoy existen; esto se logrará á medida que vaya progresando la inteligencia de los mayorales, ya muy otros de lo que fueron en un tiempo, cuando no conocian la índole de los asiáticos, cuando tenian una cruel prevencion contra esta raza, cuando creian que eran hombres inútiles, é imposible de poder salir con ellos avante en sus tareas, al menos como con los africanos, cuando creyeron, en fin, que podrian tratar á esos hombres como tuvieron por costumbre hacerlo con los esclavos en otros tiempos.

La baratura en el precio de cesion de los colonos, será consecuencia del órden establecido por el Gobierno, haciendo desaparecer las trabas, que existen ciertamente contra su voluntad: trabas que á mas de ser costosas, son á la vez perjudiciales á la salud de los colonos, y de consiguiente gravosas para las empresas. Una vez zanjada esa inconveniencia, las empresas podrán continuar en esa negociacion con un éxito halagüeño, tal vez cual en ninguna otra.

Se cree que la competencia redunda en beneficio del consumidor y es positivo en los mas de los casos; pero en cuanto á colonizacion, es un verdadero contrasentido, como podremos aseverarlo.

Los comerciantes, al ver que el negocio de colonizacion, ó sea la importacion de colonos asiáticos en la isla de Cuba, ha solido dar resultados mas ó menos pingües, se apresuran á emprenderlo, sin mas examen ni premeditacion, considerándolo como la cosa mas fácil. Envian pues á China agentes que causan mucho gasto; fletan buques con anticipacion, contando con que podrán hacer embarques crecidos; porque para ello tienen caudales suficientes, y porque han contratado con corredores en tiempo oportuno, las entregas de colonos; pero esto se verificará si no hay fuerza mayor; es decir, si la competencia lo permite. El precio del enganche será tanto mayor, cuanto lo sea el número de los embarcadores y las estadías que el buque irá ganando; pero no consistirá el mal éxito de la negociacion en el mayor precio de los colonos; estribará sí en la mala clase de los embarcados. La urgente necesidad de tener que despachar el buque, hará que no se puedan escoger hombres adecuados y útiles para los trabajos á que se han de destinar en Cuba; y solo viejos valetudinarios, individuos estropeados, ó demasiado jóvenes, y gentes avezadas en fin á toda clase de crímenes, serán los mas de los que puedan embarcarse con esa precipitacion, con ese aturdimiento indispensable. Pero veamos lo que pasa despues del embarque. Los ancianos, que son los que mas se marean durante ese angustioso estado, recuerdan sus afecciones y el amor á la pátria, con lo cual aumentan sus padecimientos, que por lo comun son perniciosos. Cuando las necesidades los agovian en su país hasta el extremo de no tener con que acallar el hambre y cubrir su desnudez, veian en la emigracion la tabla de salvamento; pero una vez cubiertas sus primeras necesidades, echan en olvido las privaciones y sufrimientos pasados, haciéndose el raciocinio ó la ilusion de que no se reproducirán; y entonces el recuerdo de la familia, del amigo y del país agovian su corazon, máxime si llegan á perder la esperanza de volverlos á ver, y la nostalgia se presenta inexorable, el individuo enferma á consecuencia de la afeccion moral, y son muy contados los que en ese miserable estado escapan con vida.

Otros, ya valetudinarios, son muy pronto afectados de escorbuto ó de indigestiones contínuas, y si no mueren, llegan á tierra muy desmejorados, causando crecidos gastos en su curacion y convalecencia, sin que su constitucion física se reponga jamás. El colono valetudinario, el viejo y el muchacho, son otros tantos brazos inútiles, que á penas producirán la mitad de los costos que originan, plantas parásitas para el país, y pérdida segura para quien los contrate, aun cuando sea á precios ínfimos.

La competencia en Cuba, siendo fuerte, podria ser favorable hasta cierto punto, pero nunca ventajosa para los hacendados, sino para un solo año cuando mas; porque en lo sucesivo las pérdidas consiguientes de los competidores, que casi nunca son de poca monta, harán retirar del palenque á algunos; y puede darse por cosa cierta, que entonces los hacendados habrán de indemnizar con usura á los pocos que sigan esplotando la negociacion. Por consiguiente, toda competencia en punto á especulacion de colonizacion asiática, vendrá á redundar en perjuicio del consumidor.

§ III.

Policía relativa á los colonos durante su enganche y despues de cumplido su contrato.

Si los asiáticos tuvieran con que costear su pasage y mantenerse donde quiera que emigrasen, siquiera fuese hasta encontrar colocacion ventajosa, entonces estaria bien que obrasen á su libre alvedrío, con tal de que no contraviniesen en un ápice á lo dispuesto en el Bando de buen gobierno; en tal caso tendrian derecho de elegir patrono en el ramo de trabajo á que se dedicasen. Pero no es esta la condicion del colono enganchado en China bajo las bases de un contrato, sujeto á lo estipalado en un reglamento decretado por el Gobierno Superior. La situacion del colono asiático guarda cierto parangon con el que sienta plaza de soldado, que antes de haberle tocado la suerte de servir á la nacion, puede elegir el cuerpo que mas le agrade; pero que no sucede lo mismo con el que ha caido quinto, que está obligado á servir en el arma á que la Inspeccion militar le destine: quedando obligado á servir ocho años, y sometido á la Ordenanza, tanto en la forma de ocupaciones como en las penas que por sus faltas se le impongan.

Si se fuera á dar oidos á la severa censura de los filántropos, acerca de la emigracion asiática, cualquiera la consideraria como una trata disfrazada. Pero ya lo hemos dicho repetidas veces: ellos mismos no saben decirnos en qué fundan sus aserciones. ¿Será acaso en que los colonos se enganchan por ocho años, en que se les obliga á trabajar, en que se les castiga cuando faltan á sus deberes ó cuando cometen delitos?

Pocos son los que ignoran la excesiva miseria en China, en ese país de mas de quinientos millones de habitantes, en donde el despotismo impera de un modo desesperante; en donde el producto agrícola no basta para sustentar, ni con mucho, á sus moradores; en donde las nueve décimas partes no han probado carne, porque no han tenido con que comprarla; en donde los del interior emigran hácia las playas, huyendo del rigor del frio, porque no tienen ropa para abrigarse; y en donde en fin, se ha autorizado el suicidio de las niñas, cuyos padres carezcan de lo necesario para sustentarlas. Con tales elementos, con semejante estado de cosas, no es posible que todos los que emigran tengan los medios necesarios para verificarlo de un modo apetecible; y por tanto, nada mas justo que los que les proporcionan recursos con que poder dejar una pátria ingrata, para adoptar otra, en donde lejos de luchar con los horrores de la miseria, hallarán con un trabajo honroso y buena conducta, sobrados medios de subsistencia y la proteccion de un Gobierno ilustrado, benigno y liberal; justo es, repetimos, que las empresas reciban en remuneracion el beneficio que les concede un contrato equitativo á todas luces, cuyas condiciones, son fáciles de cumplir, toda vez que solamente se limitan á someter los colonos voluntariamente y por ocho años, al dominio puramente paternal de sus patronos primitivos ó de los cesionarios, para que estos utilicen su trabajo en tareas ajustadas á sus fuerzas y facultades intelectuales; tiempo bien corto, si se atiende á los crecidos desembolsos que por ellos se han hecho, y á que una parte de aquellos será perdida con el aprendizage del oficio á que haya de consagrárseles, en el de sus enfermedades, y mientras no se alimentan y robustecen. ¿Hay algo aquí de censurable? ¿Se hace con los colonos asiáticos algo que no esté en consonancia con los principios de justicia y de humanidad mas acrisolados? ¿No es esto lo que se exige de un aprendiz escriturado, de un padre de familia pobre con respecto á sus hijos, cuando se trata de utilizar sus servicios, encaminándolos por la senda de la virtud, haciéndolos ciudadanos útiles á sí mismos y al comun de toda república bien ordenada? ¿Es acaso mejor la suerte del soldado? Creemos que no. Este, en todas las naciones de primer órden, está obligado á servir ocho años como el colono; pero éste no está expuesto á sacrificar su vida como aquel, siempre que sea necesario; solo está obligado á servir á su patrono, sin las fatigas y privaciones consiguientes á la milicia. Pero aun hay mas: el colono recibe cuatro duros mensuales de salario, libres de todo gasto, sin exceptuar el alimento y el vestido, que consiste en dos habilitaciones al año, una de verano y otra de mas abrigo para el tiempo fresco; un chaqueton, una manta, un sombrero y zapatos; al paso que el soldado tiene que entretener y costear su manutencion, quedándole un pequeño sobrante para gastos de poca monta. Si el colono se fuga, rara vez se le imponen prisiones, que generalmente se reservan para el caso de reincidencia, y aun entonces ha de ser con anuencia de la policia; se les rebaja el sueldo del tiempo que han estado sin prestar servicios, y cuando la ausencia ha sido muy larga, se les hace compensar ese tiempo añadiéndolo al señalado en la contrata. Debemos decir tambien que raras veces se los obliga á esa compensacion, si luego han observado buena conducta; no así al militar á quien se aplican recargos de servicio proporcionados á sus faltas, y si deserta, tiene que sufrir encierro, presidio, y á veces la muerte.

En Inglaterra, en esta nacion que pretende ser el centinela avanzado de la civilizacion, un delito cualquiera, es castigado en la tropa de tierra y de mar con el fuete de 25 ramales, aplicado sobre el dorso, muchas veces hasta que el castigado espira. Las Cámaras inglesas han trabajado inútilmente para abolir tan bárbaro castigo. Bueno fuera que los señores filántropos supiesen que los castigos mas fuertes que en Cuba se dán á los esclavos, no son comparables ni de tan funestas consecuencias como los aplicados por los ingleses á hombres libres y blancos; porque estos los reciben en el dorso, en donde se hallan órganos nobles, separados de la periferia por solo unos músculos cuyo espesor no pasa de seis centimetros, aun comprendidas las cóstillas, como son los pulmones, la pleura, los riñones, etc., que sufren de resultas de la grande inflamacion producida por los veinticinco golpes á la vez, de otros tantos cordeles nudados. Ciertamente que el castigo aplicado al negro es cruel; pero no tanto como el del soldado inglés, y aquel no se dá sino en las posaderas.

No se puede comprender como en una nacion en donde se autorizan semejantes castigos respecto á hombres blancos y libres, se critique con tanta insistencia y con tan negros colores la correccion de los esclavos, por faltas graves, y que merecen sin duda tanto castigo como el de los soldados.

No pudiéramos negar que ha habido mayorales y aun amos crueles é injustos, que han tratado á los infelices esclavos cual si fueran bestias. Esto ha consistido en la depravacion de gentes ignorantes y mal nacidas, dedicadas al manejo de los negros en los ingenios, y en lo barato que costaban aquellos; pues es bien sabido que hubo un tiempo en que el mejor africano se podia obtener por unos trescientos duros. Pero las cosas han cambiado enteramente, así en el modo de tratarlos, como en el de su costo, desde que la trata es perseguida con penas tan severas, como humanitario es su objeto. Ahora se consultan mas los intereses y la conservacion de la vida de un esclavo; pudiera decirse que está á salvo de todo peligro intencional. Y aunque supongamos que haya algunos de esos séres brutales y malquistos con sus intereses, nada mas fácil que poder cortar el mal de raíz: no habria mas que denunciar á los tribunales toda injusticia manifiesta por parte de los mayorales y de los amos respecto á los esclavos, á fin de castigar los delitos, segun su magnitud, y privar á los primeros de volver á ejercer aquel cargo, y á los segundos de tener esclavos. Esto mismo se ha observado en Cuba, con mas ó menos exactitud; y no dudamos que la policía y el interés, harán que siga mejorando la educacion de los mayorales, á fin de que lleguen á conocer que el rigor es un mal medio para conseguir la tarea que de ellos se quiera exigir.

Esperamos que esta digresion, que nos ha apartado mas de lo que pensábamos, de nuestro asunto principal, y que sin duda es una repeticion de una parte de este escrito, nos será dispensada, porque en ello se verá el interés que nos anima en obsequio de esa raza infeliz.

Como es de suponerse, entre los colonos asiáticos hay gente buena y mala; muchos que han cumplido su contrata, y que la han renovado, enganchándose con los primitivos patronos; lo que prueba lo bien tratados que han sido, y que sacan buen lucro de su trabajo; porque de no ser así, el chino es harto sagaz é interesado, para no tomar una resolucion adecuada á sus miras, máxime cuando tiene toda la libertad de transportarse á donde guste, y medios con que poderlo verificar, con el producto de su trabajo, en un pais tan escaso de brazos. Solamente los holgazanes y viciosos son repudiados en todas partes; estos pululan por las poblaciones, causando incalculables daños: pero por desgracia, no están suficientemente vigilados ni castigados.

Aunque hemos hablado de los cimarrones, é indicado las especulaciones criminales que con ellos se hacen, y de la clase de instigadores que abundan en los campos y en las ciudades, los cuales son las mas veces causantes de las faltas que esos trabajadores inexpertos cometen. Pero por mas que hayamos expuesto algunos casos sobre el particular, nunca serán bastantes á poner en relieve á esos malhechores, que á mansalva originan el trastorno y tal vez la ruina de algunos hacendados é industriales. Entre aquellos, pues, se cuentan los *ranchadores*, á quienes en el periódico titulado *El Progreso de Colon*, de 30 de Noviembre, se pinta con tanta verdad, que no hemos podido menos de copiar la parte que el *Diario de la Marina* publica de ese artículo.

«Los *ranchadores* se llama aqui á ciertos in-
»dividuos, en lo general de no muy buena
»conducta, que se ocupan en visitar los depó-
»sitos de cimarrones, inquirir los dueños ó
»patronos de estos, para luego dirigirse á esas
»mismas personas; y valiéndose de ardides y
»misterios, les manifestan que saben el para-
»dero de los prófugos y que mediante una can-

»tidad, que no baja nunca de doce onzas, se »hacen cargo de llevárselos á sus fincas, pré- »vio el poder que debe otorgárseles. Nuestros »propietarios, codiciosos de brazos por una »parte, y por otra con el deseo de recuperar á »aquellos, se prestan fácilmente á las exigen- »cias de esos individuos, sin cuidarse de ave- »riguar si son honrados y si les cumplirán las »lisonjeras ofertas que ellos hacen.

«Ya con el poder, cantan victoria; van á »los depósitos, extraen los cimarrones, pues »se procuran todos los documentos y requisi- »tos que se exigen, pero ¿cumplen religiosa- »mente su cometido? Se nos dice que nó, por- »que lejos de entregar aquellos á sus dueños, »los alquilan en otras fincas, y despues de dos »ó tres meses, ya que se han ganado ese alqui- »ler, entonces los llevan á sus poderdantes, »para los cuales siempre tienen excusas pode- »rosas por el tiempo transcurrido, pues ya les »dicen que se fugaron de donde estaban, ya »que al conducirlos se les fugaron á ellos, y »mil razones por este jaez. No fuera tan mal »si no sucediera mas que esto; pero hay mas, »porque los *ranchadores* tratan bien á los pró- »fugos, y les aconsejan que trabajen los pri-

»meros dias de estar en la finca de sus dueños,
»y que despues se huyan de nuevo, encargán-
»doles que vayan donde ellos, para tener lu-
»gar de escatimar ó estafar á sus poderdantes.
»Esta conducta la observan no solo con los ne-
»gros, sino tambien con los asiáticos, á quie-
»nes dan sus reales para tenerlos contentos y
»que sigan sus consejos. Fácilmente con los
»asiáticos hacen esto, pues les dan á entender
»que ya han cumplido y que tienen necesidad
»de contratarse en virtud de lo dispuesto, ha-
»ciéndose ellos cargo de contratarlos, y los
»contratan realmente, y los patronos no saben
»nada de esto y pasa tiempo sin que recuperen
»sus colonos.»

«Por el estilo de lo que dejamos dicho pu-
«diéramos citar otros de los medios de que
»se valen los *ranchadores*, segun se nos in-
»forma; pero creemos lo que antecede sufi-
»ciente para que nuestros hacendados no se
»presten con la facilidad que hoy lo hacen á
»dar sus poderes y su dinero á esa clase de
»hombres, que lo que menos quieren es ser-
»virles, sino hacer su negocio, seguir en ese
»agiotage, que tanto daño causa y seguirá oca-
»sionando, mientras los propietarios, como

»hasta ahora, cedan á esas exigencias.»

¿Y qué causa habrá para que los colonos se huyan de las fincas? Algunos creerán que será por mal tratamiento; y nosotros no dudamos que sea así en algunos casos; pero nos atrevemos á asegurar que la causa mayor proviene de las deudas de juego entre ellos: el deudor, por no tener con que pagar, se huye. Hemos sido testigos de varios casos de esa naturaleza.

He aquí algunos particulares, que veríamos con el mayor gusto fuesen tomados en consideracion por el Gobierno Superior: nos referimos á los delitos que con demasiada frecuencia cometen los colonos en las fincas.

Cuando los colonos de una finca matan á un compañero ó á un mayoral, antes de proceder al sumario, ya hay quien se atreva á suponer que ha sido porque no se les ha pagado sus alcances, porque no se les dá de comer, porque se les maltrata, etc; pero no habrá uno que diga que ha sido por perversidad; porque el muerto les debia y no les podia pagar; porque siendo contramayoral los haya obligado á trabajar. En fin, el muerto habrá sido siempre culpable. Pero todos esos juicios son frívolos;

lo importante es la tardanza en el castigo, y las penas que se les aplican; y muy rara vez el castigo es ejemplar: nos explicarémos.

Los romanos castigaban con la pena capital á cuantos siervos, cualquiera que fuese el número, se encontraban en la casa en donde hubiese sido asesinada una persona. En China, por el contrario, el asesino queda muchas veces, sino impune, apenas castigado; hé aquí lo que sucede: se presenta un gran número de personas, que se declaran culpables del delito cometido; y como quiera que esto exigiria la pena capital, si el delincuente estuviese convicto, esta pena queda sin efecto, y entonces se sustituye por cierto número de palos, que son aplicados proporcionalmente á todos aquellos astutos corifeos.

En Cuba, cuando en una finca de campo cometen los asiáticos un asesinato ú otra clase de crimen, recordando los usos de su país, se presentan quince ó mas de ellos á declarar que todos son autores del delito; y á veces, los administradores inexpertos ó atolondrados, presentan un número aun mayor de los que gratuitamente se han acusado culpables; y no porque los consideren hechores del crímen perpetrado, sino por haberlos encontrado reunidos en el lugar de la castástrofe. Así que, aunque los que realmente están inocentes del hecho, declaran y aseguran de mil distintos modos su inculpabilidad, sus compañeros les acriminan con el mayor teson, á fin de que sea mayor el número, persuadidos de que vendrán á escapar mejor librados en la sentencia del proceso ó en el castigo.

Son conducidos á la cabecera de partido, en donde se les sigue causa, que viene á resolverse uno ó dos años despues, durante los cuales, unos se mueren, y generalmente son los inocentes, sobresaltados siempre con el temor de un castigo que no han merecido; otros aprenden en las cárceles, con los criminales con quienes están mezclados, todas las maldades que aun no conocian, y si vuelven á la finca del patrono, será para ir á corromper á los que aun no lo estaban.

El largo tiempo que dura el proceso, y la ignorancia en que están los demas colonos de la finca, de la aplicacion de la pena á los delincuentes, les induce á creer que no han sido castigados; y si á caso, solo con presidio, donde saben que se hallan bastante bien; y todo esto los impulsa á imitar á sus compañeros, y á veces por los motivos mas insignificantes.

Esto bastará para que se comprenda la urgencia de modificar la marcha que se sigue en esas causas, á fin de que el delito sea castigado á la mayor brevedad, procurando que los inocentes, es decir, aquellos contra quienes haya solamente leves presunciones, permanezcan en prisiones aisladas de los criminales, el tiempo necesario para justificar su inculpabilidad, remitiéndolos á continuar su contrata, toda vez que el tiempo que han pasado fuera de la finca, tienen que reponerlo al patrono, y que perder además sus salarios; y sobre todo importa que tengan el convencimiento moral de que ningun delito queda impune en el país en donde se hallan. Para esto seria sumamente importante, y aun preciso, que el castigo se aplicase en la misma finca en donde se hubiese cometido el crimen, cualesquiera que fuese la pena impuesta.

Acaba de pasar en esta isla un caso que creemos digno de referirse. A causa de un asesinato cometido en un mayoral de una finca, el administrador entregó á la justicia quince colonos, tres de ellos muy jóvenes, quienes sostuvieron que no habian tomado parte en el delito; y sin embargo fueron llevados á la cárcel, donde permanecieron mas de un año; y despues de confirmada la sentencia, que condenaba doce de ellos á presidio, siendo los tres jóvenes absueltos de culpa y pena; pero uno solo fué entregado á su patrono, porque los otros dos habian fallecido. Poco tiempo despues de la entrega del muchacho, recibió su patrono la órden de pagar por él, en el término de quinto dia, doscientos y tantos escudos, por encarcelamiento y alimentos. El patrono representó, diciendo que el muchacho era libre, y que de consiguiente á él debia exigirse el pago de la suma reclamada. Pero no fué atendida la representacion, y se reiteró la órden de pago dentro de quinto dia. Se pagó en efecto, y se representó al Ayuntamiento, que fué quien cobró el dinero, pero que no admitió el memorial.

Nos parece que en casos semejantes el patrono no debia pagar, porque siendo libre el colono, no es una propiedad; y tampoco vemos justo que el colono deba pagar, cuando ha sido reconocida su inocencia, porque ha perdido un año de trabajo y de sueldos, y porque su enganche deberá continuar un año mas para completar los ocho fijados en su contrata.

Se comprende el gran perjuicio que resulta á los hacendados con que las causas criminales respecto á los colonos asiáticos, se dilaten mas del tiempo preciso para comprobar los delitos.

Mucho nos quedaria que decir, si nuestro objeto hubiera sido presentar en este bosquejo todas las circunstancias que hacen que las contratas de los colonos haya que cederlas á precios tan elevados; pero nos parece que lo manifestado indica suficientemente lo que las circustancias demandan; y la ilustracion del Superior Gobierno, al refundir los actuales reglamentos de colonizacion, hará cuanto fuere dable porque los hacendados obtengan los trabajadores que necesiten á precios proporcionados á sus fuerzas y al producto de sus fincas, sin que las empresas de colonizacion dejen de obtener su lucro, á fin de animarlas á continuar en esa especulacion.

Pero si el Superior Gobierno toma alguna resolucion sobre tan importante asunto, deberá apresurarse en dictar las medidas que juzgue mas oportunas, si ya no fuesen las que dejamos indicadas, á fin de contener el decaimiento que desde algun tiempo viene amenazando á la agricultura de este país: hoy pueden los hacendados sufragar los crecidos desembolsos que reclama la substitucion de trabajadores, mientras que si siguiera el ejemplo de las naciones que se han apresurado á declarar, no diremos la emancipacion de la esclavitud, sino la desgracia de los negros y de los blancos, la nacion despues de muchos años de una espantosa miseria y de la total ruina de las fincas, se veria obligada á hacer incalculables sacrificios, si quisiese reparar con brazos tal vez insuficientes, los males que se ocasionarian en esta isla con un nuevo estado de cosas. Hoy se está á tiempo de mantener en equilibrio los inmensos caudales de este país, evitando males mas fáciles de comprender que de explicarse.

Creemos oportuno y aun necesario declarar que no poseemos esclavos; pero que ni tampoco tenemos en la actualidad intereses consagrados al negocio de colonizacion asiática, como ha sucedido en otro tiempo, y por lo cual hemos adquirido el caudal de datos que dejamos expuesto sobre el particular, todos hijos de una larga experiencia; datos que podemos justificar en todo tiempo con documentos irrecusables, con razones y miras desinteresadas, porque nuestro único objeto es propender al bien de esta rica porcion del territorio español, por deber de justicia y reconocimiento.

INDICE.

	Pág.
Capítulo 1.º	
§ I.—La esclavitud.	13
§ II.—¿Cuál es la posicion del africano en su país?—¿Qué hacen los negrófilos para mejorar su suerte?—¿Ha mejorado su posicion desde que es esclavo en Cuba?.	16
§ III.—El esclavo es una propiedad garantizada por el Gobierno de la nacion.	30
Capítulo 2.º	
§ I.—Proyecto que tiene por objeto sostener en buen pié de produccion la agricultura en las islas de Cuba y Puerto-Rico.	62
§ II.—Colonizacion.	69
§ III.—De la carencia de brazos en Cuba.	82
Capítulo 3.º	
§ I.—Clase de colonos que conviene importar en la isla de Cuba, teniendo presente las particularidades del clima, y de las ocupaciones que deben desempeñar.	85
§ II.—Medidas que deberian adoptarse en el enganche y transporte de colonos.	112
§ III.—Policia relativa á los colonos durante su enganche y despues de cumplido su contrato.	139

www.ingramcontent.com/pod-product-compliance
Lightning Source LLC
Chambersburg PA
CBHW030307170426
43202CB00009B/905